JN309326

よく似た英会話表現
―この違いがわかりますか？

田中 実 著

研究社

はしがき

　本書は、意味や形のよく似た英会話表現を取り上げ、それらの表現間におけるニュアンスの違いについて解説したものである。全体を使用場面別に10章に分け、見出しとして日本語で100項目を挙げ、それに対応する英語表現をまず2つ取り上げ、さらに本文中でそのほかのバリエーション豊かな英語表現を提示してある。

　例えば、会話の場面で相手の言ったことに驚きや疑念などをぶつける表現に「まさか！」がある。英和辞典や和英辞典、さらには、いわゆる英会話書などを見れば、それに相当する英語表現のいくつかは載せられている。しかし、それらは一部が掲げられているにすぎず、かつ「まさか！」に相当する英語表現間の微妙なニュアンスの違いが十分に説明されているとは言い難い。

　そこで、本書では、その「まさか！」を例にとれば、それに相当する英語表現31個を取り上げ、そのニュアンスの違いを指摘し、適切な場面で適切な表現を用いることができるような解説を試みた。そして、必要に応じて、英米における違いや、音調・強勢による違い、さらには婉曲的か否かといった点などにも言及してある。

　本書で取り上げた英語表現は話し言葉のレベルの表現であるが、話し言葉といえども、くだけた言い方の場合もあるし、改まった言い方の場合もある。さらには、現代では少し古くさい言い方である場合もあるし、俗語的言い方である場合もあるので、それらの点についても触れてある。

　こういう細かなことを知ったうえで会話表現を用いるのと、単に1つか2つの表現を丸覚えして用いるのとでは大違いであろう。すなわち、英会話の初級者レベルであれば、丸覚えで仕方がないであろうが、中・上級者レベルになると、状況に応じて適切な表現を使うことが求められるのである。したがって、本書は、学生や一般の方から専門家まで、幅広い読者層を念頭に置いて書かれている。

　見出しとしては掲げていないが、それ以外に本文中で取り上げた表

はしがき

現(例えば、「なんてこった!」、「またかよ」など)も多い。それらの表現は「和文索引」に収録してある。

本書を書き下ろすきっかけとなったのは、拙著『通じる英語 言いまわし練習帳』(幻冬舎文庫)のなかのコラム「身近な日本語表現を英語でいえば?」が読者に好評だったためで、これを拡大させて別の形で一冊にまとめたいと思ったことによる。果たして、こういう試みが成功しているかどうかは読者のご判断に委ねたい。

なお、本書を執筆するにあたっては、各種の英和辞典、和英辞典、英会話書を参照したり、ネイティブ・チェックを援用したりしたが、それらについては直接引用したものは本文中に明記し、それ以外は巻末の参考文献にまとめてある。また、本書で取り上げた100の項目は多かれ少なかれ筆者が、興味深い問題点あり、と判断した応答表現であることをお断りしておく。

最後に、本書を執筆するにあたっては、今回も研究社編集部の杉本義則氏に大変お世話になった。記して感謝申し上げる次第である。

2008年1月

田中　実

本書での記号等の使い方

▶　関連項目への参照

/　言い換え可能

　　例：That/It was close.
　　　　= That was close. または It was close.

目 次

はしがき………………………………………………………… iii

part 1 喜び・自信の表現

そうこなくっちゃ／待ってました……………………………… 2
今日はついてるなあ……………………………………………… 4
喜んで、やらせてもらいます…………………………………… 6
ぎりぎりセーフだ………………………………………………… 8
間違いないよ…………………………………………………… 10

part 2 非難・敵意の表現

なめんなよ！…………………………………………………… 14
ばかなこと、言うんじゃないよ……………………………… 16
いい気になるのもほどほどにな……………………………… 18
ほっといてよ…………………………………………………… 20
うるさいなあ…………………………………………………… 22
どいて！………………………………………………………… 24
そんなこと、どうだっていいよ……………………………… 26
それって、趣味じゃないね…………………………………… 28
いい加減にしろよ！…………………………………………… 30
イマイチだね…………………………………………………… 32
君って、お調子者だねえ……………………………………… 34
ほんと、腹が立ってるんだ…………………………………… 36
彼に食ってかかってやった…………………………………… 38
そりゃあ、話が違うよ………………………………………… 40
ちゃんちゃらおかしいよ……………………………………… 42
大したことないね……………………………………………… 44
それって、変だよ……………………………………………… 46
どういうつもりなんだ？……………………………………… 48
なにが言いたいんだい？……………………………………… 50
だから言ったじゃないの……………………………………… 52

目次

勝手にしろ！……………………………………………………… 54
無理だよ…………………………………………………………… 56

part 3　励まし・賞賛の表現

その調子だ………………………………………………………… 60
そりゃあ、逃す手はないよ……………………………………… 62
がんばって！……………………………………………………… 64
そのとおり！／正解！…………………………………………… 66
よくやったね……………………………………………………… 68
彼、キレるね……………………………………………………… 70
そりゃあ、大したもんだ／そりゃあ、すごい………………… 72
白羽の矢が立ったよ……………………………………………… 74
彼はうってつけだね……………………………………………… 76
そこが君の腕の見せどころなんだよ…………………………… 78
本領、発揮してるね……………………………………………… 80
バッチリだね……………………………………………………… 82
自立した女性だね………………………………………………… 84
いいできだね……………………………………………………… 86

part 4　同意・納得の表現

そのつもりだけど………………………………………………… 90
なるほどね………………………………………………………… 92
君の言うとおりだよ／まったくだね…………………………… 94
君の提案に賛成だ………………………………………………… 96
それは一理あるね………………………………………………… 98
お言葉に甘えて／では、遠慮なく………………………………100
いいね！／それ、賛成！…………………………………………102
そりゃあそうだ……………………………………………………104
もちろんだよ／いいとも…………………………………………106

part 5　嘆き・諦めの表現

またやっちゃった！………………………………………………110
勘弁してよ…………………………………………………………112

チンプンカンプンだ！	114
肩が凝ってねえ	116
首になっちゃった	118
もううんざりだよ	120
万事休すだ	122
もうだめだ	124
すんだことは仕方ないさ	126
わかりません	128
仕方ないよ	130
あっけなく終ったね	132
お手上げだよ／どうしようもない	134

part 6　困惑・怠惰の表現

さあねえ	138
わかるもんか	140
好きにすれば／ご勝手に／どうぞご自由に	142
そんな殺生な！	144
そこまで言うことないだろう	146
なるようになるさ	148
どっちでもいいよ／なんでもいいよ	150

part 7　感嘆・驚きの表現

やったあ！	154
いつから？	156
まさか！	158
最悪！	161
大きくなったねえ！	164
こいつぁ驚いたねえ！	166

part 8　謙遜・遠慮の表現

お構いなく	170
お先に	172
なんだか照れるなあ	174

目 次

どういたしまして……………………………………………176
そんなことないです／それほどでもありません…………178
どうぞお召し上がりください………………………………180
飲み物はなに？………………………………………………182
お待ちしていました…………………………………………184

part 9　関心・宣告の表現

軽いもんさ／朝飯前だよ／楽勝さ…………………………188
今日はこれまで………………………………………………190
さっさとやろうよ……………………………………………192
なにしてるの？………………………………………………194
彼女に電話してたんだ………………………………………196
一生懸命やります……………………………………………198
ここにサインを………………………………………………200
俺たち、親しい間柄じゃないか……………………………202
洗車しといたよ………………………………………………204
それ、ぼくがやるよ…………………………………………206
急いでください／ぐずぐずするな…………………………208

part 10　同情・慰めの表現

それは気の毒に………………………………………………212
気にしないで…………………………………………………214
どうしたの？…………………………………………………216
１人で行けるの？……………………………………………218
世の中、そんなもんさ／人生、そんなもんさ……………220

主な参考文献…………………………………………………223
和文索引………………………………………………………225
英文索引………………………………………………………227

part 1
喜び・自信の表現

part 1 ｜ 喜び・自信の表現

そうこなくっちゃ／待ってました

1 **Now you're talking.**
2 **Sounds great.**

会話例

A: I'll treat you to lunch today.
今日は昼飯、おごるよ。

B: **Now you're talking. / Sounds great.**
待ってました。

こちらの意向に添うようなことを相手が言ってくれたときや、こちらの話に相手がやっと乗ってきてくれたときなど、思わず「そうこなくっちゃ」と叫びたくなるときがある。1 は「言ってくれるねえ ⇒ そうこなくっちゃ」といった感じ、2 は「いいねえ ⇒ そうこなくっちゃ」といった感じで用いられている。

このように、こちらに好ましいことを言ってくれる相手には、「ものわかりがいいねえ」、「話せる人だねえ」といった感じで、3 のように、「そうこなくっちゃ」のニュアンスは表せる。

3 **You're very understanding.**

さらに、こちらにとって歓迎すべきことを相手が言ってくれた場合、「それって、ぼくにはうれしい知らせだよ」と言って、4 のような「そうこなくっちゃ」の意味合いを表してもいい。

4 **That's like music to my ears.**

では、次の 5 の場合はどうか。例えば、これまでやる気のなかった相手がこちらの話に応じてやる気を取り戻してくれたとすると、つ

いつい「そうこなくっちゃ」と叫びたくもなる。それが ⑤ である。

⑤ That's the spirit!

⑤ の spirit は「気迫、意気」の意味で、「その意気だ」といった感じ。また、「そうこなくっちゃ」という表現は、相手からの「色よい」返事を待っていたら、ついにその返事が戻ってきたような場合にも用いられるので、⑥ や ⑦ のようにも言える。

⑥ That's what I was waiting for.
⑦ I was hoping you would say that.

⑥ は「それこそ私が待っていたもの ⇒ 待ってました、そうこなくっちゃ」、⑦ は「私は君がそう言ってくれるのを期待していたんだ ⇒ 待ってました」といった感じで用いられている。

part 1 | 喜び・自信の表現

今日はついてるなあ

① It's my day today.
② I'm in luck today.

会話例

A: Would you like to have dinner with me?
夕食ごいっしょにいかが？

B: Thanks a lot. I'd love to.
It's my day today. / I'm in luck today.
ありがたいなあ。ぜひ。今日はついてるなあ。

今日一日に限っても、運・不運はつきもの。思わず、「今日はついてるぜ」と言いたくなれば、①や②を用いればよいが、①は「今日は自分のための日 ⇒ 今日はついてる」、②は「今日は運がいい ⇒ 今日はついてる」となるわけである。

①と類似の表現として、③や④のような言い方も可能である。

③ **Today is my day.**
④ **This just is my day.**

さらに、②と類似の表現としては、⑤や⑥のような言い方も可能である。

⑤ **My luck's in today.**
⑥ **Luck is with me today.**

では、①〜⑥とは反対に、「**今日はついてないよ**」と言いたければ、どのような言い方をすればいいか。

①〜⑥のすべてに not を入れても、その意味は表せるが、それら以外でも、例えば、次のような言い方を用いてもよい。

⑦ **I'm having a bad day today.**
⑧ **Just my (rotten) luck today.**
⑨ **I sure am unlucky today.**

⑦〜⑨はすべて「今日はついてないよ」の意味だが、⑦は「今日は良くない日だよ」、⑧は「今日の俺の運勢ときたら」(嘆き節)、⑨は「今日は確かに運が悪い」といったニュアンスで用いられているのである。

part 1 | 喜び・自信の表現

喜んで、やらせてもらいます

1 I'm willing to do it.
2 I'm ready to do it.

会話例

A: **I'm willing to do it. / I'm ready to do it.**
　ぼく、喜んで、それ、やらせてもらいます。

B: Do you mean that?
　本気でそう言ってんの？

　人に少しでもいいところを見せようとして、「それ、喜んでやります」などと言うとき、1 にはある程度のためらいや躊躇が見え隠れするが、2 にはそれがない。つまり、1 は少し考え直した後に、進んでそれをしたいというわけではないが、やってもいいといったニュアンスで用いられるのに対して、2 はそれ以上に積極的なのである。

　そこで、例えば、「喜んで、お供します」といった場合でも、be willing to や be ready to はもちろん、それ以外の言い方を用いて表現しても、それぞれ微妙にニュアンスは異なる。

3 **I'm willing to go with you.**
4 **I'm ready to go with you.**
5 **I'll be glad to go with you.**
6 **I'd be happy to go with you.**
7 **I'd be pleased to go with you.**

　3 は「進んで行きたいというわけではないが、お供してもいいですよ」といった感じで、4 よりは控え目な言い方である。

　5 は「お供できれば、うれしい」、6 は「お供できれば、幸せだ」、7 は「お供できれば、満足に思います」といった感じである。

なお、①や③はそれほど積極的な気持ちを表していないと述べたが、まれに「～することを熱望する」といった意味合いで用いられることがある。次の例がそれ。

I'm ready, willing (and able) to stay with you all night.

これは「君と朝までいられるね」といった意味で、be ready（やbe able）を付加することによって、そうなるのである。

part 1 | 喜び・自信の表現

ぎりぎりセーフだ

1 I just made it.
2 I barely made it.

会話例

A: Did you catch the last train?
　終電に間に合ったの？

B: **I just made it. / I barely made it.**
　ぎりぎりセーフだよ。

　なにかにすんでのところで間に合ったことを表す言い方に「ぎりぎりセーフだ」という表現があるが、1 は「ちょうど間に合った」ことを、2 は「かろうじて間に合った」ことを、それぞれ表している。

　「ちょうど」にしろ、「かろうじて」にしろ、「間に合った」ことには違いないことを表すのが 1 と 2 だが、次の 3 は発想を変えて、「もう少しで間に合わないところだった」と言っているわけだが、結局は「ぎりぎり間に合った」のである。

3 **I almost didn't make it.**

　さらに、「ぎりぎり間に合った」ことを表すなら、4 のように言ってもいい。

4 **That/It was close.**

　4 は「接近していた ⇒ 危ないところだった ⇒ ぎりぎりセーフだ」といった感じで用いられている。
　もちろん、熟語の by the skin of one's teeth（間一髪で）を用いて、5 のようにも言える。

ぎりぎりセーフだ

⑤ I made it by the skin of my teeth.

⑤は文字通り、「間一髪で間に合った」ということから、「ぎりぎりセーフだ」の意味になるわけである。

part 1 | 喜び・自信の表現

間違いないよ

① **Take my word for it.**
② **I'm positive.**

会話例

A: Are you sure he will come here today?
今日、彼、ここに来るって、確かなの？

B: Oh, yes. **Take my word for it. / I'm positive.**
ああ。間違いないよ。

人に自信の程を示す表現の1つに「間違いないよ」という言い方がある。①は「間違いない」と言っているが、「私の言うことを真に受けとめろ」といったニュアンスであり、②は「私は自信があるんだ」、だから「間違いない」といったニュアンスになっている。

ちなみに、②のpositiveには「自信のある」という意味以外に、「積極的な」、「ためになる」、「はっきりした」、「肯定的な」、「実在の」、「まったくの」などの意味もある。次は、positiveの「まったくの」の意味の例である。

He's a **positive** fool.

これは「彼って、まったくのばかだよ」という意味。

さて、「間違いないよ」と言う場合、「私を信じろ ⇒ 間違いないから」という発想もありうる。その場合、③のように言える。

③ **Believe/Trust me.**

この場合、trustのほうがbelieve以上に強意的で「絶対信じろ」といったニュアンスを表す。

さらに、「そのことに疑いはない ⇒ だから、間違いないんだ」という発想も可能で、④のような言い方ができる。

④ **No doubt about it.**

この no doubt about it は、次のようにも使える。

He had taken my camera, **no doubt about it.**

これは「彼が私のカメラを持ち去ったのは間違いない」といった意味になる。

part 2
非難・敵意の表現

part 2 | 非難・敵意の表現

なめんなよ!

1 **I wasn't born yesterday!**
2 **Over my dead body!**

会話例

A: **I wasn't born yesterday! / Over my dead body!**
なめんなよ!

B: **I'm terribly sorry for having gone too far.**
ほんとごめん、やりすぎた。

　人は相手に勝手なことをされたり、みくびられたりすると、ついつい多少のすごみをきかせて「なめんなよ!」とでも言いたくもなるが、その文句を表すのが 1 と 2 である。が、1 は「俺は昨日生まれたばかりの人間じゃない ⇒ なめんなよ」、2 は「俺の死骸を乗り越えてからにしろ ⇒ 俺が生きているうちはそうはさせない ⇒ なめんなよ」といった感じで用いられている。

　もちろん、否定の命令文を用いて、例えば、次のように言ってもよい。

3 **Don't fool around me!**
4 **Don't make fun of me!**
5 **Don't take me for a fool!**
6 **Don't underestimate me!**
7 **Don't think you can beat me easily!**

　3 〜 7 はすべて「なめんなよ!」の意味だが、3 は「俺をもてあそぶんじゃないぜ」、4 は「俺をばかにするな」、5 は「俺をばかだと思うな」、6 は「俺をみくびるな」、7 は「俺を簡単に負かせると思うな」といったニュアンスで用いられているのである。

逆に、肯定の命令文を用いて、例えば次のように言うこともできる。

⑧ Stop making me out to be a fool!
⑨ Take me seriously!

⑧は「俺をばかであるかのように言うのはよせ ⇒ 人をばかにするのもいい加減にしろ ⇒ なめんなよ」といった感じで、この場合、make ＋ 人 ＋ out ＋ to be 〜 は「人が〜であるかのように言う」という意味で用いられている。他方、⑨は「俺のことを真剣に受けとめろ」と言って、「なめる」ことを禁じているのである。

part 2 | 非難・敵意の表現

ばかなこと、言うんじゃないよ

① **Don't be silly.**
② **Don't give me that.**

会話例

A: I think I'll leave my job soon.
そろそろ仕事やめようかなあと思ってるんだ。

B: **Don't be silly. / Don't give me that.**
ばかなこと、言うんじゃないよ。

「ばかさ」加減を表す語もいろいろで、①の silly などは、理屈に合わないことを言ったりして、相手から軽蔑の念を込めて「おめでたい人だねえ」と言われたりするような場合の「ばかさ」加減を指す。

これが、

③ **Don't be foolish.**
④ **Don't be stupid.**
⑤ **Don't be absurd.**
⑥ **Don't be ridiculous.**

となると、上から順に「常識に欠けている」、「頭の働きが鈍い」、「まったく理屈に合わない」、「嘲笑ものである」といったニュアンスでの「ばかさ」加減になる。

①と③〜⑥は、「ばかなこと、言うんじゃないよ」はもちろん、「ばかなこと、するんじゃないよ」の意味でも用いられる。

問題は、②である。②はなぜ「ばかなこと、言うんじゃないよ」の意味を表すのかといえば、この場合の that が暗に that nonsense の意味を表しているからである。つまり、②は「そんな無意味なことは言いなさんな」といったニュアンスで用いられている。そこで、②

ばかなこと、言うんじゃないよ

は「とぼけるな」、「しらばっくれるな」、「その手は食わんぞ」の意味をも表す。

　ちなみに、だからと言って、②の肯定形の⑦が「ばかなことを言え」といった意味にはならないことに注意しよう。

⑦ **Give me that.**

　⑦は言うまでもないが、「それ、俺にくれ」の意味。
　さて、「ばかなこと、言うんじゃないよ」は、⑧や⑨のような疑問文でも表現できる。

⑧ **Who told you that?**
⑨ **Where did you get that idea?**

　⑧では「だれがそんなことを言った？ ⇒ だれもそんなこと言うはずがないだろう ⇒ とぼけるな」といった意味関係が成り立っており、⑧は修辞疑問文の一種である。他方、⑨では「どこでそんな考えを仕込んだんだ？ ⇒ つまらぬ考えはよせ ⇒ いい加減にしろよ ⇒ とぼけるんじゃない」といった意味関係が成立している。

　さらに、「ばかなこと、言うんじゃないよ」も、もう少し表現を変えて言うと、「ばかも休み休み言え」となる。この文句を表現すれば、⑩や⑪のようになる。

⑩ **Don't talk nonsense. Enough is enough!**
⑪ **Don't say silly things. Enough is enough!**

　⑩と⑪は、「ばかなこと、言うな。もうたくさんだ！」といったニュアンスで用いられており、ここでの Enough is enough! は「もうたくさんだ！」、「それでやめにしとこう！」といった意味を表す。

参照　▶ちゃんちゃらおかしいよ

part 2 | 非難・敵意の表現

いい気になるのもほどほどにな

1 **Don't be too carefree.**
2 **Don't be too conceited.**

会話例

A: I have a promising future.
ぼくの未来はばら色さ。

B: **Don't be too carefree. / Don't be too conceited.**
いい気になるのもほどほどにな。

「いい気」と言う場合、「いい気なもんだ」とか「いい気になっている」という言い方からもわかるように、「のんきでいる」ことを表したり、「思い上がっている」ことを表したりする。この前者の意味でそう言っているのが 1 であり、後者の意味でそう言っているのが 2 である。

そこで、「あいつはいい気なもんだ」は普通、のんきで楽天的であることを表しているので、次のように表現される。

3 **He is quite carefree.**
4 **He is extremely optimistic.**
5 **He is quite easygoing.**
6 **He is extremely happy-go-lucky.**

3 の carefree は「心配性じゃない」、4 の optimistic は「のんきにやることを主義にしている」、5 の easygoing は「あくせくしない」、6 の happy-go-lucky は「成り行きまかせである」といったニュアンスをそれぞれ表す。

他方、「あいつは自分ができるやつだと思っていい気になってやがる」といった言い方は、自分の能力を得意に思う、つまり、思い上がっていることを表しているので、次のように表現される。

7 **He is conceited about his ability.**
8 **He is too proud of his ability.**

7 の conceited は「うぬぼれている」こと、8 の proud は「高慢ちきになっている」ことを表す。
この proud を用いた 9 も、「君って、いい気なもんだね」と皮肉めいた調子の表現になっている。

9 **I hope you feel proud of yourself.**

ところで、いい気になって思い上がっているやつには、「いったい何様のつもりだ！」、「なんだその口の利き方は！」とでも言ってやりたい。その文句を表すのが 9 〜 12 である。

9 **Who/What do you think you are?**
10 **How dare you say such a thing?**
11 **How dare you talk to me like that?**
12 **Where do you get off?**

9 は文字通り「自分は何様だと思っているのか？」から「何様のつもりだ！」の意味が派生している。
10 と 11 では、「よくも〜してくれたな」の意味を表す How dare you 〜？が用いられており、「よくもまあ、そんなことが言えるな ⇒ なんだその口の利き方は！」の意味合いが表されている。
12 は「君はどこで話をやめるんだ？ ⇒ どこまで言うんだ？ ⇒ よくそこまで言えるな！ ⇒ いったい何様のつもりだ！」といった意味関係になる。つまり 12 の get off はここでは「話をやめる」の意味。
次に1つ、9 を用いた会話例を見ておこう。

Turn off the light! ― **Who/What do you think you are?**
Say, "Please"!
あかりを消せ！――いったい何様のつもりだ！「お願い」って言え！

part 2 | 非難・敵意の表現

ほっといてよ

1 **Leave me alone.**
2 **Get off my back.**

会話例

A: It's none of your business.
   Leave me alone. / Get off my back.
   あなたに関係ないでしょ。ほっといてよ。

B: Don't say such a thing. I feel unhappy.
   そんなこと言うなよ。悲しくなるよ。

相手に対して、「ほっといてよ」と言う場合、「そっとしておいてほしい」と願うのが 1 であり、「困らせないでほしい」と願うのが 2 である。

1 は文尾を下降調で言うと、「1 人にしてよ」といった感じで命令口調になるが、上昇調で言うと「1 人にしてくれない？」といった感じで懇願・依頼口調になる。

2 と同様、ずばり「私を困らせないで ⇒ うるさいわね、ほっといてよ」と言っているのが 3 である。

3 **Don't bother me.**

では、次の 4 〜 8 はどうか。

4 **(It's) none of your business (what I do).**
5 **It's an unwelcome favor.**
6 **Get lost.**
7 **Stop talking to me.**
8 **Keep/Stay away from me.**

4～8はいずれも「ほっといてよ」の意味だが、4は「余計なお世話よ」、5は「ありがた迷惑だわ」、6は「消え失せてよ」、7は「私に話しかけないで」、8は「私から離れてて」といったニュアンスで用いられている。

さらに、「ほっといてよ」と言う場合、「自分で自分のやってることはわかっている」から「ほっといて」と言うこともあるだろうし、「私のこと、信じてよ、大丈夫」だから「ほっといて」と言うこともあるだろう。その場合、それぞれ9と10を用いればよい。

9 **I know what I'm doing.**
10 **Trust me.**

もちろん、「私のことなんだから ⇒ ほっといて」という場合だってありうる。それが、11である。

11 **That's my business.**

この場合、my をとくに強く言おう。

参照　▶うるさいなあ

part 2 非難・敵意の表現

うるさいなあ

1 **Don't bother me.**
2 **Leave me alone.**

会話例

A: Tell me what I should wear.
なに着て行ったらいいか教えて。

B: **Don't bother me. / Leave me alone.**
I'm busy now. Decide for yourself.
うるさいなあ。いま、忙しいんだ。自分で決めろよ。

うるさいやつに対しては、ついつい「うるさいなあ」と叫びたくもなる。ただ、大声を出して騒ぎまわっているからではない。いろいろ聞かれるが、返答するにも手がまわらないといった状況下である。

1 は「私を悩ますな ⇒ うるさい」と言っているのであり、2 は「私を1人にして ⇒ ほっておいて ⇒ うるさいんだよ」と言っているのである。なお、1 と類似の表現に 3 がある。

3 **Stop bothering me.**

さらに、1 ～ 3 以外にも 4 や 5 のような表現もある。

4 **Don't bug me.**
5 **Spare me.**

4 の bug はくだけた言い方で「悩ます」という意味の動詞。そこで、1 と同様、「私を悩ますな ⇒ うるさい」と言っている。この bug を用いて、6 のようにも言える。

6 **Bug off!**

6 はとくにアメリカ英語の話し言葉で用いられ、「ほっておいてくれ！」という意味。そこから、「うるさい！」の意味が生ずる。

5 の spare は文語だが、「～を容赦する」とか「～の命を助ける」という意味の動詞なので、これが Spare me. となれば通例、「命ばかりはお助けください」の意味になる。しかし、こういう言い方をするような状況は、冗談は別として、ごく一部の地域を除いて普通では考えられないので、これを今流に用いると「容赦して、勘弁して ⇒ ほっておいてもらいたいんです ⇒ うるさいんです」となるわけである。ちょっと大人っぽい言い方であると言えよう。

また、7 ～ 9 のような表現も可能である。

7 **Just get off my back.**
8 **Oh, you're a nuisance!**
9 **Just shut up.**

7 の get off one's back は「～への非難・妨害をやめる」とか「～を困らせるのをやめる」という意味の決まり文句。そこで、7 は「ちょっと、私を困らせるの、やめてよ ⇒ うるさいんだよ」となる。

8 の nuisance は「迷惑な人・行為」の意味なので、「もう、あんたって、迷惑な人だねえ！⇒ うるさいんだよ！」となる。ちなみに、この 8 に類似した表現として、10 がある。

10 **What a nuisance!**

10 も「うるさいなあ！」という意味。
9 は「ちょとだまれよ ⇒ うるさいんだよ」という発想である。

参照 ▶ほっといてよ

part 2 | 非難・敵意の表現

どいて!

1. **You're in my way!**
2. **Step aside!**

会話例

A: I'm in a hurry. **You're in my way! / Step aside!**
　急いでるんだ。どいて！

B: Nothing is ever done in a hurry.
　せいては事を仕損じるだよ。

　人を押しのけて急ぐ必要があるときもあるかもしれないが、そんな場合でも、えらそうに言うのは禁物。1 には、そのえらそうな響きがあり、「邪魔だ！」といったニュアンスが伴う。それに対して、2 には「わきに寄って！」という意味だけで、1 ほどにはえらそうな響きは伴わない。この場合、step を move に置き換えてもよい。

　比較的ソフトに「通りますので、どいてくださーい」といったニュアンスで用いられるのが、3 である。

3. **Coming through!**

　4 と 5 は「どいて」と言う場合に、「ちょっとあけて」と言って場所をあけてもらうときの表現である。

4. **Gimme some room!**
5. **Make room for me!**

　ちなみに、4 の gimme は give me がなまった言い方。
　「どいて！」という意味で、ずばり「道をあけろ！」という言い方が 6 である。

どいて！

6 Make way!

また、「私の行く手から離れて、邪魔にならないようにして」とか「私の前に立って、行く手をふさがないで」といったニュアンスで「どいて！」と言っているのが、それぞれ 7 と 8 である。

7 Get out of my way!
8 Don't stand in my way!

そして、7 の場合、話し言葉ではしばしば、9 のように get が落とされて、out of が outta となる。

9 Outta my way!

part 2 非難・敵意の表現

そんなこと、どうだっていいよ

① **Get a life!**
② **It doesn't matter at all.**

会話例

A: I can't do without vacuuming the floor in the mornings and evenings.
朝晩、床に掃除機をかけないと気がすまないんだ。

B: **Get a life! / It doesn't matter at all.**
そんなこと、どうだっていいよ。

些細なことを気にする面白みのない人や、何事にも細かい小うるさい人には、ついつい「そんなこと、どうだっていいよ」と言いたくもなる。①は「もっと人生を楽しめ ⇒ ほかにも目を向けてみろ ⇒ そんなことはどうだっていいよ」といった感じで、②は「そんなこと、全然大したことない、どうだっていい」といった感じで用いられている。

ちなみに、①の Get a life! は、場合によっては、「しっかりしろ！」、「ほっといてくれ！」の意味にもなる。

ところで、「どうだっていい」ということは、それは大して「重要じゃない」ということであるから、次の③と④はそうした発想に基づいた表現になっている。

③ **That's not the point.**
④ **That is not important.**

③の point は、「要点、核心」の意味。ちなみに、

⑤ **That's a point.**

となると、「それには一理あるね」ということ。

4 は、落ち着き払った物言いをするようなときの言い方である。

なお、「そんなこと、どうだっていい」の「そんなこと」は会話の場面からいちいち表現しなくてもわかる場合もある。そこで、6 と 7 はそういった言葉を省いた言い方である。

6 **Don't worry.**
7 **Who cares?**

6 は「心配するな ⇒ 大丈夫 ⇒ そんなこと、どうだっていいことさ」と言っている。また、7 は「だれが気にするだろうか ⇒ だれも気にはしないさ ⇒ そんなこと、どうだっていいんだから」という、修辞疑問文の形をとっている。

参 照　▶いい加減にしろよ！

part 2 非難・敵意の表現

それって、趣味じゃないね

1 **That isn't to my taste.**
2 **That's not my thing.**

会話例

A: How about making plastic models together?
いっしょにプラモデルでも作りませんか？

B: Thanks, but **that isn't to my taste. / that's not my thing.**
ありがたいが、それって、趣味じゃないね。

日本人はよく「ご趣味は？」（What are your hobbies?）ときくが、例えばアメリカ人は、またか、という思いを抱くかもしれないので、あまりその話題にもっていかないほうがいい。

逆に、もしアメリカ人から、What hobbies do you have?（ご趣味は？）ときかれたら、待ってましたとばかり、例えば、My hobbies are eating and sleeping.（食べることと寝ることです）などと、冗談は別にして、答えないほうがいい。なぜなら、hobby とは、W. W. スミスの *Speak Better English* によると、「自分で楽しみながら行なう、積極的で、創造的な行為」や、ある程度「専門的な知識を必要とする行為」を指すからである。したがって、例えば、My hobbies are making furniture and gardening.（家具作りや庭いじりです）とでも答えておけば問題はない。

さて、1 と 2 は表面的にはいずれも、「それは私の趣味ではない」と言っているのであるが、1 は「それは私の好みに合わない」といった感じで、2 は「それは私にぴったりなものではない」といった感じで用いられている。そして、この 2 は決して、「それは私のものではない」という意味ではない。もし、その意味でなら、3 を用いなければならない。

それって、趣味じゃないね

3 **That's not mine.**

つまり、2の thing は「ぴったりくるもの、一番好きなもの」のことを表すくだけた言い方である。そこで、この thing の用法を1つ。

4 **I always do my (own) thing, so you can do your (own) thing.**

4は「ぼくはいつだって自分のやりたいことをやるんで、君だって自分のやりたいことをやればいい」と言っているのである。

part 2 | 非難・敵意の表現

いい加減にしろよ!

1 **That's enough!**
2 **Come on!**

会話例

A: Can I live with you?
いっしょに住んでいい？

B: **That's enough!** / **Come on!**
いい加減にしろよ！

「好きにすれば」と相手に言いつつも、いつもいつも好きなようにされてはたまらないこともある。そういう場合は、「いい加減にしろよ！」と叫びたくもなるものだ。1と2はその叫びを表しているが、1には「もうそれで十分だろう、いい加減にしろ」といったニュアンスが、2には「おいおい、ふざけるな［あきれたねえ］、いい加減にしろ」といったニュアンスが伴う。

1には、次のような類似の表現もある。

3 **Enough of that!**
4 **That's about enough!**

他方、2は「いい加減にしろよ！」以外にも、「さあ早く」、「元気、出して」、「ねえ」などの意味でも用いられることは言うまでもない。

もちろん、「いい加減にしろよ！」を表す言い方は、ほかにもある。例えば、

5 **Get a life!**
6 **Stop it!**

いい加減にしろよ！

⑤は、くそ真面目で面白くないようなやつに向かって、「いい加減にしろ、人生、もっと楽しめよ！」といった意味合いで用いられる言い方。ここでは、不定冠詞のaに注意しよう。もしaがなければ、⑦のようになり、俗語で「終身刑でも受けろ」の意味になってしまう。

⑦ **Get life!**

他方、⑥は、しつこく迫ってくる人に対して、「いい加減にしろよ！」と言うようなときに用いられる文句。そこで、会話例を1つ。

How about something to drink? — **Stop it!**
ちょっと1杯、どう？──いい加減にしろよ！

さらに、「ふざけんな！ いい加減にしろよ！」といったニュアンスでなら、⑧も用いられる。

⑧ **How can you even think that?**

⑧は「よくもまあ、そんな風に考えられるね？ ⇒ ふざけんなよ！ ⇒ いい加減にしろ！」といった関係が成り立っている。

参照　▶そんなこと、どうだっていいよ
　　　▶好きにすれば／ご勝手に／どうぞご自由に

part 2 | 非難・敵意の表現

イマイチだね

① **I've seen better.**
② **It didn't work for me.**

会話例

A: How was the movie?
　映画、どうだった？

B: **I've seen better. / It didn't work for me.**
　イマイチだね。

　例えば、評判の映画を見た人が感想をきかれて、「イマイチだね」と答える言い方が ① と ② であるが、① は「もっといいのを見たことがある ⇒ これはイマイチだ」といったニュアンスで、② は「それは私には影響を与えるものではなかった ⇒ 私にはピンとこなかった ⇒ イマイチだ」といったニュアンスで、それぞれ用いられている。

　こういう「いまひとつだ、イマイチだ」という言い方は、相手がなにをきいているかによって変わる。例えば、③ は「具合はどう？」ときかれて、Not very well.（イマイチだね）と答える場合である。

③ How are you feeling? — **Not very well.**

では、次の ④ はどうか。

④ How do you like this tie? — **Well, it isn't quite good.**

　④ は「このネクタイ、どう？」ときかれて、Well, it isn't quite good.（うーん、イマイチだね）と答える場合である。そして、この場合は否定文になっているが、これを肯定文にして ⑤ のような形でも答えられる。

5 Well, it's QUITE good.（↗）

　5では、quite の部分をとくに強く言って、かつ、文尾を上昇調で言うことによって、「うーん、まあまあだね」と、良いと認めるのに少し躊躇している感じを表すことができる。

　また、6は「企画を練り直したんだけど、どう？」ときかれて、Mm, something's not quite right.（うーん、イマイチだね）と答える場合である。

6 What do you think of my reworked plan? — **Mm, something's not quite right.**

　この場合、7のように、ずばり「もっと練り直しの必要があるね ⇒ これは、イマイチだ」と言うことも可能である。

7 It still needs more work.

part 2　非難・敵意の表現

君って、お調子者だねえ

1 **You easily get carried away.**
2 **You're easily flattered.**

会話例

A: **You easily get carried away. / You're easily flattered.**
　君って、お調子者だねえ。

B: **I've always been so.**
　昔からだよ。

「お調子者」とは、なにかに興奮して夢中になり、はめをはずしてしまう人のことを指したり、すぐにおだてに乗ってしまう人のことを指したりする。1はまさしく前者のタイプであり、2はまさしく後者のタイプである。1と2いずれにおいても、easily を often に置き換えてもよい。

1の carry away はここでは、人をなにかに「夢中にさせる」の意味や、人をなにかで「興奮させる」の意味であるが、本来は「運び去る」の意味であることは言うまでもない。そこで、次のような例では、意味を区別しよう。

3 **He was carried away.**
4 **He got carried away.**

3は「彼、運ばれて行っちゃった」、4は「彼、調子に乗りすぎたね」の意味。

他方、2の flatter は「お世辞を言う」の意味だが、それはあくまで「表面的に言葉をつくろう」だけで、「心からほめる」(compliment) わけではない。したがって、flatter には相手に「へつらう」とか「ごまをする」といったニュアンスが伴う。そこで、2は「君って、す

ぐごまをすられるね ⇒ 君って、すぐにおだてに乗るね」といった意味関係が成り立っている。

ちなみに、この「ごまをする」人のことは、次のように言える。

5 **He's an ass-kisser/a kiss-ass/a flatterer.**
6 **He plays/sucks up to us.**

5と6はいずれも、「彼って、ごますりなんだよね」という意味だが、もし、5でおなじみの apple-polisher を使えば、やや古めかしい響きがする。6の play/suck up to はくだけた言い方で、人に「こびへつらう、取り入ろうとする」という意味。ちなみに、〈play up to 人〉と〈play 人 up〉とは違うことに注意。

7 **Don't play up to me.**
8 **Don't play me up.**

7は「俺にごまするな」、8は「俺を怒らせるな」の意味である。

part 2　非難・敵意の表現

ほんと、腹が立ってるんだ

1 **I'm really mad.**
2 **I'm really mad now.**

会話例

A: **I'm really mad. / I'm really mad now.**
　ほんと、腹が立ってるんだ。

B: Well, what's wrong?
　いったい、どうしたの？

---

1 と 2 はいずれも、かなり「腹を立てている」に違いないが、2 のほうが 1 よりさらに強意的である。というのは、2 には now があるからである。この now は「いま」の意味ではなく、驚いたときや怒ったときなどに間投詞的に用いられる、感情を強調する役割の副詞である。

次の 3 と 4 でも、3 の now は「いま」の意味だが、4 の now はあきれていることを表す感情表現の now である。

3 **Tell me now.**
4 **Now you tell me.**

3 は「いま言ってよ」の意味、4 は「いまさらなにさ」の意味。

では、次の 5 はどうか。5 の now はもちろん、現在の「いま」の意味だが、これは 6 の近い未来の「いま」の意味の right now や、7 の近い過去の「いま」の意味の just now と比べられる。

5 We are **now** in spring.
6 I'll come **right now**.
7 Mother came back **just now**.

5 は「いまは春」(It's spring now.)、6 は「いま行くよ」、7 は「お母さん、たったいま戻ったよ」の意味をそれぞれ表す。ちなみに、6 のように、だれかに呼ばれたりしたときに「いま行くよ」と答える場合、必ずしも now を用いる必要はない。単に、I'm coming! でも十分である。

さて、8 の now for はどうか。この now for は、待ち望んでいたことが、もうすぐかなえられそうなときに用いられる表現で、8 は「さあ、シャワーだ！」の意味。

8 **Now for** a shower!

ところで、now は at the moment とも比べられる。次の例を見てみよう。

9 We live with our parents **now**.
10 **At the moment** we live with our parents.

9 と 10 はいずれも、「いまは両親と同居しています」の意味だが、9 では「前はそうではなかったけど、いまはそうなんです」といったニュアンスで用いられており、10 では「将来はどうかわからないんだけど、さしあたっていまはそうなんです」といったニュアンスで用いられている。つまり、9 では過去と現在との対比が、10 では現在と未来との対比が問題になっている。

part 2　非難・敵意の表現

彼に食ってかかってやった

1 **I turned on him.**
2 **I lashed out at him.**

会話例

A: **I turned on him. / I lashed out at him.**
　彼に食ってかかってやったんだ。
B: That's going too far.
　いい加減にしろよ［それって、やりすぎだよ］。

　どうも好きにはなれないやつに、反抗したり、敵意を示したりして、「食ってかかる」という場合が 1 であり、他方、いやなやつに毒舌を吐いたり、激しく非難する場合の「食ってかかる」が 2 である。
　ちなみに、1 でもし on を to に代えれば、「彼のほうに向いた」の意味になることは言うまでもない。
　ところで、2 の lash out at の代わりには、例えば、jump on とか fly at を用いてもよい。

3 **I jumped on/flew at him.**

　3 の jump on の場合、「彼にとびかかった」の意味にもなるので注意。「食ってかかる」の意味でなら、jump on はもちろん、jump (all) over という形も用いられる。

4 **I jumped (all) over him.**

　4 も「彼に食ってかかってやった」の意味である。
　こういう jump を名詞として用いた表現に、5 や 6 のようなものがある。

5 **I got/had the jump on him.**
6 **I was/kept/stayed a jump ahead of him.**

5は「彼の先手を打ってやった」の意味、6は「彼よりは一歩先んじてたよ」の意味。

では、次の7はどうか。7は、「彼より一足お先にオフィスを出たんだ」の意味になる。

7 I left the office **a jump ahead of him**.

part 2 | 非難・敵意の表現

そりゃあ、話が違うよ

① **That's not our understanding.**
② **That's not what you said.**

会話例

A: We'll change our schedule.
　予定、変更するよ。

B: **That's not our understanding. / That's not what you said.**
　そりゃあ、話が違うよ。

　お互いに了解していたと思っていたのに、突然コロッと話を変えられたら、ついつい「そりゃあ、話が違うよ」と叫びたくもなる。その叫びを表すのが①である。他方、コロッコロッ話を変えても平気で、前に言ったことなどすっかり忘れて別のことを言う相手には、ついつい「そりゃあ、話が違うよ」と叫びたくもなるが、その文句を表すのが②である。

　要するに、①は了解事項に反するような事態に直面したときに、②は以前の話の内容とは異なる話に遭遇したときに、それぞれ吐かれる言葉である。

　いずれにせよ、過去の内容とは違うような側面に出くわしたときに用いられるのが①と②であるが、現時点で相手とは違うことを高らかに宣言するときに用いられるのが③と④である。

③ **I differ from/with you on that point.**
④ **Speak for yourself on that point.**

　③と④はいずれも、「その点に関しては私の意見は君とは違う」と言っているのである。もちろん、③は⑤のように言ってもよい。

⑤ **I disagree with you on that point.**

それはともかく、問題は④である。④も確かに、③や⑤と同様、自分の意見が違うことを相手に訴えているわけであるが、なぜ、そうなるのか。

④の文字通りの意味は、「その点については君自身のために話しなさい」ということであるが、「自分自身のために話す」とは「人のために話す必要はない」ということであり、「人のために話す必要」がなければ、「自分なりの意見を述べればいい」ことになる。要するに、④は「その点に関しては自分なりの意見がある ⇒ 君とは意見が違う」と言っているのである。そして、この④にはズバッと相手にクギを刺すニュアンスがある。そこで、確認のため、⑥と⑦を見ておこう。

⑥ **Speak for yourself.**
⑦ **Speak about yourself.**

⑥は「勝手なこと言うな」とか「俺の意見は違うぞ」とクギを刺している。他方、⑦は「自分のことについて話せ」と言っている。

part 2 非難・敵意の表現

ちゃんちゃらおかしいよ

1 **Isn't it a laugh?**
2 **What a joke!**

会話例

A: He was promoted to manager of the head office.
彼、本社の部長に栄転だよ。

B: **Isn't it a laugh? / What a joke!**
ちゃんちゃらおかしいよ。

「それって、お笑い種じゃないか ⇒ ちゃんちゃらおかしいよ」というのが 1 であり、「なんたる冗談なんだ ⇒ ちゃんちゃらおかしいよ」というのが 2 である。同じ意味合いを表してはいても、2 には 1 にはない、相手への悪意や軽蔑のニュアンスが含まれる。

この 2 の a joke を、3 のように the joke に変え、is を挿入すると、それは「ふざけんなよ！」の意味になる。

3 **What's the joke?**

3 は、「そんな冗談を吐くとはどういうことなんだ？ ⇒ ふざけんなよ！」となるわけである。

さらに、2 に 4 のような funny という語を挿入してみよう。そうすると「おもしろいジョークじゃないか」といった意味になり、悪意などは感じられない。

4 **What a funny joke!**

ところで、1 や 2 の「ちゃんちゃらおかしいよ」の意味を表すには、ほかにもさまざまな表現法が可能だ。

5 **How ridiculous/absurd!**
6 **(It's all/Don't talk) nonsense!**
7 **You're kidding/joking!**
8 **What a stupid idea!**
9 **That's outrageous.**
10 **Rubbish!**

　5は「なんてばかげてんだ！ ⇒ ちゃんちゃらおかしいよ」、6は「ナンセンスだ！ ⇒ ちゃんちゃらおかしいよ」、7は「ご冗談でしょ ⇒ ちゃんちゃらおかしいよ」、8は「なんてばかげた考えなんだ！ ⇒ ちゃんちゃらおかしいよ」、9は「あきれたねえ ⇒ ちゃんちゃらおかしいよ」、10は「つまらん話だねえ！ ⇒ ちゃんちゃらおかしいよ」と、それぞれ微妙にニュアンスは異なるが、言っている意味に違いはない。

参照　▶ばかなこと、言うんじゃないよ　▶まさか！

part 2 | 非難・敵意の表現

大したことないね

① **Tasted better.**
② **Tasted worse.**

会話例

A: How about this pizza?
このピザ、どう？

B: **Tasted better. / Tasted worse.**
大したことないね。

人になにかについて感想を求める場合、その「なにか」によって、答え方は異なる。食べ物の味の感想を求められて答えるような場合、①は「これよりうまいものを食べたことがある」ので、これは「大したことないね」と言っているのに対して、②は「これよりもまずいものを食べたことがある」が、これは「まあまあ」の「大したことない」やつだね、といったニュアンスで用いられている。つまり、①はどちらかと言えば、マイナスのイメージを、②はプラスのイメージを伴う表現であると言えよう。そこで、②は場合によっては、「これよりまずいものを食べたことがある」ので、これなんか「最高だよ」といったニュアンスで用いられることもある。

さて、①と②は「味」そのものについての感想を述べる言い方であるが、③と④は「映画」や「ドラマ」など、鑑賞するものについて感想を求められた場合に答える言い方である。

③ **Seen better.**
④ **Seen worse.**

例えば、How was the film?（映画、どうだった？）ときかれて、③のように答えれば、「大したことないよ」となるが、④のように答

えれば、「まあまだね、大したことないよ」か「最高だね」のいずれかになる。

　ちなみに、What was the film like?（映画、どうだった？）ときく場合、How was the film? が「個人的感想」を求める言い方であるのに対して、「客観的批評」を求める言い方になる。ただし、これは「映画」や「ドラマ」での話。もし、「今日の天気はどうかな？」ときくような場合は、「天気」に主観も客観もなく、あるがままの答えが求められるのが普通なので、⑤と⑥いずれできいても大して差はない。

⑤ **What's the weather like today?**
⑥ **How's the weather today?**

これが「人」についてきくとなると、違いが生じる。

⑦ **What's your husband like?**
⑧ **How's your husband?**

　⑦は「ご主人って、どんな方？」と、その人の（永続的）人柄をきいているので、例えば、He's a nice person.（すてきな人よ）とでも答えておけばよい。しかし、⑧は「ご主人の具合は？」と（一時的）体調についてきいているので、⑨や⑩のように答えられる。

⑨ **Been better.**
⑩ **Been worse.**

　⑨は「大してよくないの」、⑩は「まあまあよ」あるいは「絶好調よ」の意味になる。

part 2 非難・敵意の表現

それって、変だよ

① **That's irrational.**
② **I don't follow you.**

会話例

A: I'm going to sleep to lose weight.
　体重減らしに眠るとするよ。

B: **That's irrational. / I don't follow you.**
　それって、変だよ。

相手の話に納得がいかない場合、「それって、道理に合っていなくて変だよ」と言っているのが ① であり、② のほうは「君の話はついていけないくらい、変だね」と言っているのである。

① と同様の発想で用いられている表現に、③ や ④ がある。

③ **That doesn't make sense.**
④ **That's not logical.**

③ と ④ はそれぞれ、「それって、意味をなさないので、変だよ」、「それって、理にかなっていなくて、変だよ」と言っている。

他方、② と同様の発想で用いられている表現に、⑤ がある。

⑤ **You lost me.**

⑤ は「君の話に私はついていけなかった、どこかおかしい、変だよ」と言っている。ここでの〈lose 人〉は「人をわからなくさせる、人を混乱させる」といった意味である。

さて、「それって、変だよ、おかしい」といっても、例えば、相手が約束の時間に電話をよこすはずだったのに、なしのつぶてであるよ

うな場合、なにかあったんじゃないかと思って、「変だな、おかしい」と言うときがある。

⑥ **That's weird.** I hope everything's OK.

⑥は「おかしい、変だな。なにごともなければいいんだけど」の意味であり、ここでの That's weird. も「それって、変だよ」の意味を表す。くだけた言い方で、主に若者の間で用いられ、That の部分をとくに強く言う。要するに、不測の事態に際して発せられる言葉なのである。

ちなみに、「変だなあ、おかしいなあ」の意味でなら、おなじみの funny を用いて、次のようにも言える。

That's funny. I'm sure I put my wallet down there, and now it's gone. [*LDCE³*]

これは「変だなあ。確かにそこに財布、置いたはずなのになくなってるんだ」の意味。

part 2　非難・敵意の表現

どういうつもりなんだ?

1 **What do you mean?**
2 **What's the idea?**

会話例

A: I'm sure you've told her on me. **What do you mean?** / **What's the idea?**
きっとお前が俺のことを彼女に告げ口したんだろう? どういうつもりなんだ?

B: Sorry. Is it out?
すまない。ばれた?

　「どういうつもりなんだ?」と問いただす場合、1 は「どういうつもりで、そんなこと、言ってるんだ?」といった感じで、相手に対して挑戦的に「なんとか言え」、「なんか文句あんのか?」と述べている。他方、2 は相手の好ましくない行動に憤慨して、皮肉まじりに「なんてばかなことするんだい?」といった感じで、「どういうつもりなのか?」と問いつめている。
　この 1 と 2 にはそれぞれ、次のようになんらかの文句を付け加えてもよい。

3 **What do you mean** by (saying) that?
4 **What's the big idea** of doing that?

　3 と 4 はそれぞれ、「そんなこと言うなんて、どういうつもりなんだい?」、「そんなことするなんて、どういうつもりなんだい?」といった意味を表す。
　こういう 2 や 4 の idea という語を使った言い方には要注意。2 と 4 の What's the (big) idea? は確かに「どういうつもりなんだ?」の意味だが、次の 5 のようになれば、「君の考えは?」ときいている

にすぎない。

5 **What's your idea?**

では、次のような idea を用いた表現の場合はどうか。

6 **That's the idea.**
7 **That's an idea.**
8 **What an idea!**
9 **The (very) idea!**
10 **The idea of it!**

6 は「その調子だ」の意味の励まし言葉であり、7 は「それはいいアイデアだ」の意味のほめ言葉であり、8 〜 10 は「とんでもない！」の意味の相手の考え方に対する不満や驚きを表す言葉である。

参照　▶その調子だ　▶なにが言いたいんだい？

part 2　非難・敵意の表現

なにが言いたいんだい？

1. **What's your point?**
2. **What's that supposed to mean?**

会話例

A: You're very deliberate when you speak.
　君って、もの言いは慎重だね。

B: **What's your point? / What's that supposed to mean?**
　なにが言いたいんだい？

　「どういうつもりなんだ？」の項でとりあげた What do you mean? という言い方は、相手に対して挑戦的に「なにか文句があるのか？」といった意味で用いられると述べたが、それ以外にも、単に相手に胸のうちをきく言い方としての用法もあり、その場合、「君はなにが言いたいの？」の意味になる。

　さて、1と2もそれぞれ、その相手の胸のうちをきく言い方であるが、1は単に「君が言わんとするところの要点は？ ⇒ なにが言いたいんだい？」といった感じ。他方、2は「それって、なにを言おうとしてるの？ ⇒ なにが言いたいんだい？」といった感じで、相手の発言に当惑したり、腹が立って真意を問いただすようなニュアンスを伴う。

　いずれにせよ、相手の胸のうちを問いただす点に関しては違いはないが、こういう胸のうちを問いただす言い方は英語にはたくさんある。例えば、

3. **What do you want to say?**
4. **What are you trying to say?**
5. **What are you driving at?**
6. **What are you getting at?**

3〜6はいずれも、「なにが言いたいんだい？」の意味を表すが、3は文字通り、「君はなにが言いたいんだい？」ときく言い方。4は「君はなにを言おうとしているんだ？」といった意味。5はくだけた言い方で、drive at は「ほのめかす」の意味、6の get at も「ほのめかす」の意味で、いずれも「君って、なにをほのめかそうとしているんだい？ ⇒ なにが言いたいんだい？」となる。

　では、ここで、1と次の7を比べてみよう。

7 **What's the point?**

　1の your が the に代わったのが7であるが、7は What's the point of doing that?（そんなことしてどうなるの［無駄さ、やめておけ］）の意味を表す。

参照　▶どういうつもりなんだ？　▶その調子だ

part 2　非難・敵意の表現

だから言ったじゃないの

① **Didn't I tell you?**
② **You wouldn't listen.**

会話例

A: My cold got worse.
　風邪、こじらせちゃった。

B: **Didn't I tell you? / You wouldn't listen.**
　だから言ったじゃないの。

「ほら、ごらんなさい」、「だから言わんこっちゃないでしょう」などと、なにかにしくじったときに相手から立て続けに言われようものなら、たまったものではないが、①は「私、あなたに（そう）言わなかった？ ⇒ 私の言ったとおりでしょう」といったニュアンス、②は「あなたは私の言うことなどきこうとしないんだもの ⇒ ほら、私の言ったとおりでしょう」といったニュアンスで用いられている。

①はなにかをしくじった人はもちろん、なにかをうまくやり遂げた人に「ほら、私の言ったとおりでしょう」の意味のほめ言葉、あるいは自画自賛の言葉としても用いられる。例えば、

He asked me out last night!—**Didn't I tell you?** I knew he's crazy about you.

彼、きのうの夜、デートに誘ってくれたの。——ほら、私の言ったとおりでしょう。彼があなたにぞっこんなのは私にはわかっていたわ。

さて、「だから言ったじゃないの」を表す言い方は①と②以外でも、もちろん可能で、③と④がそれにあたる。

③ **See, I told you.**
④ **Have I ever lied to you?**

③は「ほら、言ったとおりでしょう」、④は「あなたにうそを言ったことがある？ ⇒ 私の言ったとおりでしょう」といった感じ。そこで、③と④の会話例を1つ。

I got in trouble for using his car without asking permission.
— **See, I told you. / Have I ever lied to you?**
無断で彼の車、借りて、トラブっちゃった。——だから言わんこっちゃないでしょ。

part 2 ｜非難・敵意の表現

勝手にしろ!

1 **Have it your own way!**
2 **Kiss my foot!**

会話例

A: I'm going to quit my job within this year.
今年いっぱいで脱サラだよ。

B: **Have it your own way! / Kiss my foot!**
勝手にしろ！

　他人の言うことには一切耳を貸さず、自分の好きなようにやる人に向かって、半ば諦め顔で「勝手にしろ！」と言うのなら、1 である。これに対して、他人のやり方にはついて行けないし、自分もそうやりたいとは思わないので、相手に「勝手にどうぞ！」と言うのなら、2 である。この 2 では「俺の足にキスしろ！ ⇒ できないだろう！ ⇒ だったら、勝手にしろ！」といった意味関係が成り立っている。
　そして、1 と同様のニュアンスで使われるのが 3 であるし、また、2 と同様のニュアンスで使われるのが 4 である。

3 **Suit yourself!**
4 **Kiss my ass!**

　ただし、4 が下品な言い方であることは言うまでもない。ちなみに、この 4 は俗語で「ばかばかしい！」、「くだらん！」、「いやなこった！」などの意味にもなる。
　ところで、「勝手にしろ！」という文句は、人から脅されたときなどに、「やれるならやってみろよ」といったニュアンスで挑戦的に吐く文句でもある。そのときは、5 が用いられる。

5 Go right ahead!

ちなみに、この 5 とよく似た形の 6 には注意。

6 Go straight ahead!

6 は「まっすぐに行け！」の意味で、次の 7 よりは強い言い方。

7 Go straight!

しかし、7 には、それだけではなく、罪を犯した人物などに対して用いられる、「まじめになれよ！」、「改心しろよ！」といった意味もある。

参照　▶君の言うとおりだよ／まったくだね
　　　▶好きにすれば／ご勝手に／どうぞご自由に

無理だよ

1. **That's impossible!**
2. **Fat chance!**

会話例

A: I'll ask her out.
　彼女、デートに誘ってみるよ。

B: **That's impossible! / Fat chance!**
　無理だよ。

　例えば、人が「～してみようと思うんだ」と言ったとしよう。その出ばなをくじくような言葉が上の文句である。その場合、1 は文字通り、「それは不可能だ［無理だ］」と言っているのに対して、2 は「十分なチャンスはあるよ」と言っておきながら、実は、逆のことを言っているという、反語的な表現で、「見込みはない［無理だ］」と言っているのである。

　この 2 の chance を用いて、3 や 4 のように言っても「無理だよ」の意味は表せる。

3. **Not a chance.**
4. **No chance.**

　この 3 と 4 は、相手からの提案に対して、「いやだ」、「まっぴらごめんだね」の意味でも用いられる。例えば、

Why not paint your house red? — **Not a chance. / No chance.**
君の家、赤く塗ってみたら？――いやだね。

　そして、この「いやだ」の意味は、5 でも表せる。

無理だよ

5 **No way.**

5 は、アメリカ英語のくだけた用法で、6 のようにも、また、7 のように否定の副詞としても用いられる。

6 **No way.** I'm too busy now.
7 **No way** will I go out with you.

6 は「とんでもない［それどころじゃない］、俺はいま忙しいんだ」、7 は「絶対に［どんなことがあっても］、あなたとはお付き合いしたくないの」といった意味を表す。つまり、6 の No way. は「とんでもない」、「それどころではない」の意味、7 の no way は「絶対に」、「どんなことがあっても」の意味になる。

ところで、「無理だよ」と言うのなら、8 ～ 10 を用いてもよい。

8 **Forget it/that.**
9 **No can do.**
10 **Nothing doing.**

8 にはいろいろな意味が備わっているが、その1つとして、相手からの依頼を拒否して「無理だよ」の意味を表す場合がある。そこで、会話例を見ておこう。

Lend me your personal computer, will you? — **Forget it!**
パソコン貸してよ。——無理［ダメ］！

9 は I'm sorry, I can't do that.（ごめんなさい、それは無理）から派生した表現。例えば、

Can I borrow your car? — Sorry, **no can do**. It's in the shop for repairs.
車、借りれる？——ごめん、無理。店に修理に出してるから。

part 2 | 非難・敵意の表現

10 も依頼・申し出などへの強い拒否を表す言い方で、「無理だよ」と比較的遠慮のいらない場面で用いられる。会話例を 1 つ。

Can I come with your son to the park? — **Nothing doing.
We want to be alone.**
息子さん、公園に連れてっていいですか？――無理［ダメ］。私たち、2人でいたいから。

参 照　▶気にしないで

part 3
励まし・賞賛の表現

part 3 | 励まし・賞賛の表現

その調子だ

1 **That's the way.**
2 **That's it.**

会話例

A: Will this do?
　これでいいですか？

B: OK. **That's the way. / That's it.**
　いいよ。その調子だ。

　だれかがなにかをしているそばで、「いいぞ、その調子だ」と言って、ほめたり、励ましたりする言い方が 1 と 2 であるが、1 は「そう、それがそのやり方だ ⇒ いいぞ、その調子だ」といったニュアンスであるのに対して、2 は「それだ、それそれ ⇒ その調子だ」といったニュアンスで用いられる。

　1 に、次のように it goes を付加すると、たちまち意味が変わるので注意。

3 **That's the way it goes.**

　3 は、「それが世の中というもんさ」とか「それが世の常さ」といった意味を表し、物事がうまくいかず、悲観しているような人を慰めるときに用いる表現である。そして、3 は 4 や 5 のようにも言える。

4 **That's the way of the world.**
5 **That is life.**

　次に、2 については、「そう、それそれ、その調子」といった意

味以外に、「そのとおり」、「それでおしまい、これ以上どうしようもない」、「それが問題だ」といった意味もある。そこで、1つ、「これ以上はどうしようもない」の例を見ておこう。

I've taught him how to speak. **That's it.**

これは、「彼には話し方を教えたんだが、これ以上はどうしようもないね」の意味。
ちなみに、この②の That's it. と並んで、⑥のような it を that に置き換えた言い方もあるが、これは「それでおしまい」とか「それで決まりだ」の意味を表す。

⑥ **That's that.**

参照　▶どういうつもりなんだ？　▶なにが言いたいんだい？
　　　▶仕方ないよ

part 3 | 励まし・賞賛の表現

そりゃあ、逃す手はないよ

1 **It's a must.**
2 **Don't miss this rare chance.**

会話例

A: The boss sounded me out on working overseas.
部長から海外勤務の打診があったんだ。

B: Great! **It's a must. / Don't miss this rare chance.**
すごい！そりゃあ、逃す手はないよ。

人に「そりゃあ、逃す手はない、やるべきだ」と勧める場合、例えば、助動詞 must を用いて、3 のように言ってもよい。

3 **You must do it.**

しかし、1 は名詞（助動詞ではない！）の must（絶対逃してはならないもの）を用いて、「それは絶対逃してはならないものだ ⇒ そりゃあ、逃す手はない」と言っているのに対して、2 は「このまれなチャンスを逃すな ⇒ そりゃあ、逃す手はない」と言って、否定の命令文が用いられている。

1 の must は名詞だと言ったが、must には形容詞の用法で「絶対に逃してはならない」の意味もある。そこで、

4 **That's a must do.**
5 **That drama is a must see.**

4 は 1 ～ 3 と同様、「そりゃあ、逃す手はないよ」の意味だが、5 は「あのドラマは絶対みるべきだよ」と言っているのである。
ところで、「そりゃあ、逃す手はない」ということは、「それはやっ

てみる価値がある」ということであるから、6のような言い方も可能になる。

6 **It's worth a try.**

さらに、「そりゃあ、逃す手はない」ということは、「そんないい話に乗らない手はない」ということでもあるから、7のような言い方も可能である。

7 **There's no way you can turn down a great offer like that.**

7の原義は「そんなすごい申し出を断るすべはない」ということだが、そこから「そりゃあ、逃す手はない」の意味が派生しているのである。

part 3　励まし・賞賛の表現

がんばって!

① **Keep it up!**
② **Don't give up!**

会話例

A: You're almost near the goal. **Keep it up!** / **Don't give up!**
　もう少しでゴールだ。がんばって！

B: All right, I'll do my best!
　よし、がんばるぞ！

　日本人はなにかに挑戦している、あるいは、これから挑戦する人に対して「がんばって！」と声をかけるが、アメリカ人は、例えば、"Relax!"と言ったりして、人を激励する。この"Relax!"などは、新人がデビューするときなどに「がんばって！」に相当する意味で使われる文句だが、①と②はどうであろうか。

　①は、いままで続けてきたことがあと少しになったときに、もうあと少しだから、諦めないでそのまま続けて「がんばれ！」と言うような場合に用いられる。したがって、例えば、長距離走のランナーや受験勉強中の人などに向かって使われる。③のように言っても、そのニュアンスは表せる。

③ **Hang/Stay in there.**

　③は「（そのまま）そこにいろ」といった原義から、「がんばって」の意味になっている。

　では、②はどうか。②は、運動会でのわが子への応援や、野球でのひいきのチームなどへの応援に使われるが、その場合、Never give up! とは言わないほうがいい。これだと永遠に「がんばれ」というニュアンスになるので、特定の場面で目の前にいる相手に言うには酷な表

現である。4 なら、こういう場面でも使える。

4 Come on!

次に、入学試験にこれから挑む人に向かって「がんばって！」と言う場合には、5 や 6 のように「幸運を祈る！」とか「ベストをつくして！」という言い方がピッタリだ。

5 Good luck!
6 Try your best!

ただし、6 では、Do your best! とはしないこと。なぜなら、do one's best という言い方は、話し手自身が I'll do my best.（がんばります）と言ったりするときに用いる言い方であって、聞き手に向かって使う言い方ではないからである。

さて、勉強にしろ、練習にしろ、とにかく、これからもずっと続けて「がんばって！」と言うのなら、7 を用いてよい。

7 Keep up the good work!

また、2 のように、「諦めるな！ ⇔ がんばって！」と両方向の発想が成り立つのが、次の 8 である。

8 Never say die!

8 は「決して死ぬなどと言うな！ ⇒ 諦めるな！ ⇒ がんばって！」となる。

さらに、スポーツの応援などで、とくにアメリカ英語で用いられる 9 は「そうだ、うまいぞ、がんばって！」のニュアンスを表す。

9 Way to go!

参照 ▶よくやったね　▶やったあ！　▶一生懸命やります

part 3 | 励まし・賞賛の表現

そのとおり！／正解！

① **You got it.**
② **Good guess!**

会話例

A: Is this how I handle this machine?
この機械の操作の仕方、これでいいの？

B: **You got it! / Good guess!**
そのとおり！

見事な答えを導き出した人に対して、お見事、「そのとおり！」、「正解！」と応じる言い方が ① と ② である。① は、例えば、クイズの答えが「正解！」というときにも用いられる。他方、② は「いい考えだ！ ⇒ そのとおり！」といった感じで用いられている。

① については、You を I に代えれば、

③ **I got it.**

となり、「わかった！」、「捕まえた！」、「いい考えがある！」などの意味になる。ちなみに、「いい考えがある！」の意味でなら、④ も使える。

④ **I know what.**

さらに、③ の got を will get に代えれば、

⑤ **I'll get it.**

となり、「（電話・玄関に）私が出ます」の意味を表す。
さて、「そのとおり！」、「正解！」の意味でなら、⑥ 〜 ⑧ も使える。

そのとおり！／正解！

6 **Bull's eye!**
7 **Bingo!**
8 **You hit the jackpot/the target/the nail on the head.**

　6 は bull's-eye（そのものずばり）からきたもので、「正解！」の意味。7 はおなじみの「ビンゴ！」、「当たり！」からきた「正解！」。8 は jackpot（大当たり）、target（的）、nail on the head（釘の頭 ⇒ 要点）を hit（当てる）することから、「正解！」の意味になる。
　ところで、「そのとおり！」と言っても、「君の言うとおり！」、「正解！」と相手に同調する場合の用法もある。その場合、9 や 10 を用いてよい。

9 **Right on!**
10 **You're telling me!**

　9 は「ピンポーン！」といった感じで、10 は「言ってくれるねえ ⇒ そのとおり！」といった感じになる。そこで、例を１つ。

You shouldn't have been so kind to him! — **Right on! / You're telling me!**
彼にはそんなに親切にしなくてもよかったんじゃないの。——そのとおり！

　なお、10 には「**そんなこと百も承知さ！**」の意味もあり、11 も同じような意味で用いられる。

11 **Don't I know it!**

　11 は「私がそれを知らないとでも！ ⇒ とんでもない、とっくの昔に知ってるさ！」といったニュアンスで用いられている。

参照　▶わかりません

part 3　励まし・賞賛の表現

よくやったね

1 **You did it.**
2 **How did you do it?**

会話例

A: I managed to finish the job within a week.
　なんとか 1 週間以内で仕事、終えたよ。

B: **You did it! / How did you do it?**
　よくやったね。

---

it という語は、代名詞以外に名詞の用法もあり、その場合、it は「(鬼ごっこの) 鬼」、「極致、無比のもの」、「性交」などの意味がある。1 と 2 の it は、その「極致、無比のもの」を表し、1 は「君って、すごいこと、やったんだね！ ⇒ よくやったね」と感嘆気味に言っている。他方、2 は「こんなすごいこと、どうやってやったの？ ⇒ よくやったよ」と修辞疑問文で相手をほめているのである。「よくやったね」の意味は、次の 3 でも表せる。

3 **I can't believe you did it.**

3 は「君がそれをやったなんて、信じられない ⇒ よくやったね」となるわけであるが、この 3 の it を、4 のように that に代えると、⇒ 関係が成り立たず、単に「君がそれをやったなんて、信じられない」と言っているだけなので注意しよう。つまり、「よくやったね」とまでは言っていないのである。

4 **I can't believe you did that.**

さて、「よくやったね」の意味でなら、1 〜 3 以外にも表現法はある。例えば、

5 **Well done!**
6 **Wonderful!**
7 **Way to go!**

5 は文字通り、「よくやった！」の意味だが、6 は「すばらしい！⇒ よくやった！」となるし、7 はとくにアメリカ英語で用いられ、「そうだ、うまいぞ！⇒ よくやった！」のニュアンスである。

ところで、1 〜 3 の it は「すごいこと」を指す名詞であると述べたが、次の 8 の it は代名詞である。

8 **He asked for it.**

8 は「彼がそれを招いた ⇒ **彼の自業自得さ**」の意味になる。ついでながら、8 の「彼の自業自得さ」は 9 でも表せる。

9 **Serves him right.**

9 は、It serves him right.（それは彼に当然の報いだ ⇒ 彼の自業自得だ）からきたもの。そこで、会話例を1つ。

I have a terrible headache this morning. — **Serves you right.** You drank too much.
けさはひどい頭痛でさあ。——自業自得だよ。飲みすぎなんだから。

参照　▶がんばって！　▶やったあ！　▶本領、発揮してるね

part 3 | 励まし・賞賛の表現

彼、キレるね

1 He's a quick mind.
2 He's a quick temper.

会話例

A: **He's a quick mind. / He's a quick temper.**
彼、キレるね。

B: How do you know?
どうしてわかる？

「キレる」とひとくちに言っても、頭の回転が速くて「キレる」場合もあれば、短気ですぐに「キレる」場合もある。前者が 1 であり、後者が 2 である。

ところで、「最近の子供は些細なことですぐにキレる」と言われるが、そのことをずばり表すのが 3 である。

3 Kids **go ballistic** over the slightest things these days.

3 の go ballistic は「突然激怒する」、すなわち「キレる」という意味。
さて、「キレる」は、どこか「プッツンする」ことにも通じている。そこで、「彼、プッツンして会社辞めたよ」という場合、4 のように言えばよい。

4 **He snapped** and quit the company.

4 の snap が「かっとなる」、「突然自制心を失う」、すなわち「プッツンする」の意味の動詞である。

このように「プッツン」せずに、ひとえに仕事に励んでいる人に対しては、「彼、仕事、早いね」などと言ってあげたい。その場合には、

彼、キレるね

①と②で用いられている quick を使って、次のように言えばよい。

⑤ **He's a quick/rapid worker.**
⑥ **He works quickly/rapidly.**
⑦ **He's quick at his work.**

⑤〜⑦や、⑧のように「彼、仕事、できるねえ」などと言われるのはいいが、⑨のように「彼って、仕事、遅いね」などと言われようものなら、ほんと「最悪」だ（「最悪！」の項を参照）。

⑧ **He's a capable worker.**
⑨ **He's a slow worker.**

part 3 　励まし・賞賛の表現

そりゃあ、大したもんだ／
そりゃあ、すごい

1 **That's really something.**
2 **You're amazing.**

会話例

A: I completely quit smoking.
　完全にタバコ、やめたよ。

B: **That's really something. / You're amazing.**
　そりゃあ、大したもんだ。

相手がいい意味でなにかすごいことをしでかしたとき、「そりゃあ、大したもんだね」などと応じることがあるが、1 は文字通り、「それはほんと大したものだ」と言っているのに対して、2 は「君には驚いたよ ⇒ 大したものだ」という意味関係が成り立っている。この 2 は、3 のように言ってもよい。

3 **You amaze me.**

ところで、1 の something は「なにか」という意味の代名詞ではなく、名詞で「重要な人・もの」、「大した人・もの」の意味を表す。そこで、次のような言い方も可能になる。

4 **He made something of himself.**

4 は「彼、成功を手に入れたよ」という意味であるが、この場合の something は「大した人」を表し、「彼は自分自身を大した人［ひとかどの者］にした ⇒ 彼は成功した」という意味になる。

もちろん、「そりゃあ、大したもんだ」を表す言い方にはほかにさまざまあり、例えば、次のいずれもがそれにあたる。

そりゃあ、大したもんだ／そりゃあ、すごい

⑤ **That's great/wonderful!**
⑥ **Good for you.**
⑦ **I admire you for it.**

⑤はおなじみの言い方。形容詞としてはほかに、fantastic（すばらしい）、incredible（信じられない）、perfect（完璧だ）、the best（最高だ）、super（すごい）などを用いてよい。

⑥は「そりゃあ、大したもんだ、よかったね」といったニュアンス。⑦は少し改まった言い方。

さらに、「そりゃあ、大したもんだ」を表すには、⑧～⑩のような言い方も可能である。

⑧ **Big deal!**
⑨ **No bad.**
⑩ **How about that!**

⑧はくだけた言い方だが、反語的に「（大したものだが）ただそれだけのことなの」といったニュアンスを伴うことがある。

⑨は「悪くない ⇒ なかなかやるねえ ⇒ 大したもんだ」といった感じ、⑩もくだけた言い方で、「そいつぁ、驚きだ ⇒ 大したもんだ、すごい」といった感じ。

以上、相手がなにかすごいことをしでかしたときに言う「そりゃあ、大したもんだ」、「そりゃあ、すごい」であるが、自ら相手に「すごいだろう」とか「大したもんだろう」、「なかなかのもんだろう」と自慢する言い方としては、⑪や⑫のようなものがある。

⑪ **Is this great or what?**
⑫ **Not too bad, is it?**

⑪が「すごいだろう」、⑫が「なかなかのものだろう」といった意味を表す。

part 3　励まし・賞賛の表現

白羽の矢が立ったよ

1 **The choice fell upon me.**
2 **I was singled out.**

会話例

A: **The choice fell upon me. / I was singled out.**
　白羽の矢が立ったよ。
B: You don't look altogether unwilling as the next president.
　次期社長とは、まんざらでもなさそうだね。

「白羽の矢が立つ」とは、多くの人のなかからとくに選び出されることを意味する。その場合、2のように single out（選び出す）という言い方を用いれば、まさにその意味のとおりの表現になっている。それに対して、1のような言い方は「その選択は私になった ⇒ 白羽の矢が立った」といった意味合いで用いられている。

具体的に表現しようと思えば、2には as 〜 や to be 〜 といった語句を付加すればよい。例えば、

3 **He was singled out as the next president.**
4 **He was singled out to be the next president.**

3と4はいずれも、「次期社長として彼に白羽の矢が立ったんだ」という意味である。

他方、1の fall upon/on には「当たる」以外にもさまざまな意味、例えば、「おとずれる」、「降りかかる」、「襲う」、「注がれる」、「落ちる」があるので注意しよう。そこで、

5 Darkness **had fallen upon** the city.
6 Christmas **falls on** Sunday this year.

白羽の矢が立ったよ

⑤と⑥はそれぞれ、「町はすっかり暗くなっていた」、「今年のクリスマスは日曜日です」といった意味である。

part 3 　励まし・賞賛の表現

彼はうってつけだね

① He's just right for it.
② He's your man.

会話例

A: Why not get him to take the new post?
　新しいポストに彼はどう？
B: It's a good idea. **He's just right for it.** / **He's your man.**
　いいねえ。彼はうってつけだね。

なににかはわからないが、「彼こそはうってつけだ」と言う場合、①は「それにちょうどぴったりだ」というニュアンスであるのに対して、②は「彼こそが君が求めている人物だ ⇒ 彼こそうってつけだ」といったニュアンスである。

このように、なにかに適任であることを表す言い方は、ほかにもある。例えば、

③ He's the very man for it.
④ He's just the man for it.
⑤ He's perfectly suited to/for it.
⑥ He's suitable for it.
⑦ He's a very good choice for it.
⑧ He's competent/good enough for it.
⑨ He's just what it needs.
⑩ He has the personality for it.

それぞれ、「彼はそれにうってつけだ」の意味を表すが、このうち、⑦は「彼をそれに選んだのはなかなかいい ⇒ 彼はそれにうってつけだ」、⑧は「彼にはそれをやれる十分な能力がある ⇒ 彼はそれに

うってつけだ」、⑩ は「彼はそれに向いた性格の持ち主だ ⇒ 彼はそれにうってつけだ」といった感じで用いられている。

このように、なにかに「向いている」と言われるのはまんざらでもないが、逆に、「**不向きだ**」と言われれば心外なこともある。

⑪ **He isn't cut out for a doctor.**
⑫ **He isn't cut out to be a doctor.**

⑪ と ⑫ はいずれも、「彼、医者には不向きだね」と言っているのである。

part 3　励まし・賞賛の表現

そこが君の腕の見せどころなんだよ

① **That's where you come in.**
② **That's your chance.**

会話例

A: Our business results for this term are not satisfactory.
　うちの今期の業績、不振だねえ。

B: So **that's where you come in. / that's your chance.**
　だからこそ、そこが君の腕の見せどころなんだよ。

　例えば、野球で投手が「今日はぼくの出番はなかったね」などと言うときは、

③ **Today I had no opportunity to take the mound.**

と言えばいいし、舞台俳優が舞台のそでにいるときに、関係者から「さあ、君の出番だよ」などと言われる場合の文句としては、

④ **Now it's your turn.**

などで事が足りる。

　こういう「出番」も確かにあるが、一方でなにか困難な状況に陥ったときに、「そこが［ここが］君の出番だ」などと言うときもある。そして、この文句は「そこが［ここが］君の腕の見せどころだ」と言い換えられる。それを表すのが ① と ② であり、① は「そこが君が役立つことがわかる［わかってもらえる］ところだ ⇒ そこが君の腕のふるいどころだ」といったニュアンスであり、come in にはさまざまな意味があるが、ここでの意味は「役立つことがわかる、役立つことがわかってもらえる」である。他方、② は「そこが君にとって自

分を売り出すチャンスだ ⇒ そこが君の腕の見せどころだ」といったニュアンスで用いられている。

　もちろん、「ここが君の腕の見せどころだ」などと言う場合、ほかの表現形式も可能である。例えば、

5 **Now is the time to show your ability/stuff.**
6 **Now you have a golden chance to show your skill.**

　5の ability は「能力」だが、stuff は「素質」のことで show/do one's stuff で「自分の腕前を見せる、本領を発揮する」の意味を表す。6では show one's skill（手腕を見せる）が使われており、「いまが君の手腕を発揮する絶好の好機だ ⇒ ここが君の腕の見せどころだ」といった意味が成り立つ。

　このように「腕の見せどころ」があればいいが、それがない場合には、どう表現すればいいか。その場合には、例えば、7のように言えばよい。

7 **I had no part to play.**

　7は「役割を演じられなかった ⇒ 出番がなかった」という発想で、文字通り、舞台で「出番がなかった」とも解釈されるし、比喩的に「腕の見せどころがなかった」とも受けとれる。

参照　▶本領、発揮してるね

part 3　励まし・賞賛の表現

本領、発揮してるね

① **You're getting into full swing.**
② **You're coming into your own.**

会話例

A: **You're getting into full swing. / You're coming into your own.**
　本領、発揮してるね。

B: Yes, I'm in position now.
　ああ、いまはところを得てるからね。

　いまひとつパッとしなかった人が、なにかのきっかけで本来のいきいきした姿を見せているときなどに言う文句が ① と ② である。両者は「本領、発揮してるね」の意味では違いはないが、① は「活気を帯びて、本調子だね」といったニュアンス、② は「本来権利のあるものを手に入れたね」といったニュアンスである。

　この「本領を発揮する」という言い方には、① と ② 以外にもさまざまな表現を用いることができる。例えば、

③ **You're in your element.**
④ **You're showing your stuff.**
⑤ **You're showing your real ability.**
⑥ **You're showing yourself at your best.**

　③ の element にはさまざまな意味があるが、ここでは「人の本来の活動領域」のことで、「本来の活動領域のなかにいるね ⇒ 本領を発揮してるね」といった意味合いである。④ の stuff にもいろいろな意味があるが、ここでは「本性、本領」のこと、⑤ の real ability は「本当の能力」、⑥ の oneself at one's best は「一番いいときの自分」

のこと。そこで、それぞれ、「本性［本当の能力、一番いいときの自分］を表してるね ⇒ 本領を発揮してるね」といった意味合いになる。

ところで、④の stuff は、口語で⑦のようにも用いられる。

⑦ That's the stuff!

⑦は、なにかをがんばった人に対して、「よくやったね！」と言ってあげるときの文句である。

ちなみに、この stuff を用いて、⑧のように言えば、「万事、心得ているさ」の意味、さらに、⑨のように言えば、「**ばかばかしい！**」の意味になる。

⑧ I know your stuff.
⑨ Stuff and nonsense!

参照　▶よくやったね　▶そこが君の腕の見せどころなんだよ
　　　▶いいできだね

part 3 | 励まし・賞賛の表現

バッチリだね

① **It's you!**
② **It's perfect (for you).**

会話例

A: How does this fit?
これ、どう？

B: **It's you! / It's perfect (for you).**
バッチリだね。

ビシッと決まった服装で出かけて、「今日はバッチリだね」とでも言われようものなら、1日いい気分で過ごせる。その「バッチリだね」を表す ① は「それでこそ君だ ⇒ バッチリだよ」といった感じ、② は「完璧だよ ⇒ バッチリだ」といった感じである。ちなみに、① は、偶然街で知り合いに出会ったときに言えば、「**おっ、君か！**」の意味でも使われる。

「バッチリだね」という言い方は、次のような表現を用いてもよい。

③ **It matches/suits you.**
④ **It looks good/great on you.**

③ は「それって、似合ってる ⇒ バッチリだ」、④ は「それ、君、かっこよく見えるよ ⇒ バッチリだね」といった発想である。

ところで、①〜④ はすべて、主語は It であるが、次のように相手の You を主語にした言い方でも、もちろん、可能である。

⑤ **You look great.**
⑥ **You're dressed to kill.**

⑤は「君、かっこいいよ ⇒ バッチリだ」ということ。場合によっては、「君って、元気そうだね」の意味にもなる。

⑥は「めかしこんでるね ⇒ バッチリだよ」ということ。この場合の to kill は副詞句で、「派手に」の意味を表す。これが⑦のように to the nines となると、「完璧に」の意味になり、ひとことで「バッチリだ」と言っても、「派手ゆえに、バッチリだ」（to kill の場合）と言うときと、「完璧ゆえに、バッチリだ」（to the nines の場合）と言うときとがあるということになる。

⑦ **You're dressed to the nines.**

ところで、「バッチリです」とは、「ちょうどいいです」ということでもあるので、例えば、How's the bath?（風呂加減はどう？）ときかれて、「バッチリだ、ちょうどいい」と答えるなら、⑧が使える。

⑧ **Just right.**

part 3 励まし・賞賛の表現

自立した女性だね

1 She's an independence-minded woman.
2 She's an independent-minded woman.

会話例

A: What's she like?
　彼女って、どんな人？

B: **She's an independence-minded woman. /
　She's an independent-minded woman.**
　自立した女性だね。

普通に「自立した女性だ」という場合、

3 **She's an independent woman.**

と言えばよい。

　1 と 2 もそういう女性のことを指してはいるが、1 には「彼女は自立を尊重する女性だ」といったニュアンスが伴うのに対して、2 には「彼女は自立心の強い女性だ」といったニュアンスが伴う。

　これは、1 の independence-minded が〈名詞 + -minded〉であるのに対して、2 の independent-minded が〈形容詞 + -minded〉であるからである。つまり、〈名詞 + -minded〉の場合、その「名詞」の中身に「関心をもつ」とか、その「名詞」の中身を「尊重する」といった意味で用いられるのに対して、〈形容詞 + -minded〉の場合、その「形容詞」が表すような「心・意識をもつ」といった意味で用いられるのである。

　もちろん、1 ～ 3 のような女性のことは、別の形で 4 ～ 8 のようにも表せる。

④ **She's a self-supporting woman now.**
⑤ **She lives a life of independence now.**
⑥ **She's (going) on her own now.**
⑦ **She supports herself now.**
⑧ **She earns her own living now.**

④〜⑧はいずれも、「彼女はもう自活している」といった意味を表すが、⑤には「親の世話にはならない女性」のイメージが、④、⑥、⑦、⑧には「自ら稼ぐ女性」のイメージが伴う。

このような「自立」にしろ「自活」にしろ、その結果、例えば、「彼女は自立して、カウンセラーを始めた」ということになれば、⑨のようにも表現できる。

⑨ **She's set herself up as a counselor.**

part 3　励まし・賞賛の表現

いいできだね

① **Well done!**
② **That was some job.**

会話例

A: **Well done! / That was some job.**
いいできだね。

B: **Thanks a lot. I did my best.**
ありがとうございます。ベストをつくしましたので。

いい仕事をした人をほめる言い方はいろいろあるが、①は文字通り、「よくやった！」というニュアンス、②は「なかなかの仕事ぶりだ」というニュアンスを表す。

①と同様のニュアンスで用いられるのが、③である。

③ **Great, you did it!**

さて、「いいできの仕事」とは、「最高の・すばらしい仕事」でもあるわけだから、④と⑤のように「すばらしい仕事だね ⇒ いいできだ」と言ってもよい。

④ **You did a bang-up job.**
⑤ **You did an A one job.**

④と⑤の bang-up、A one はそれぞれ、アメリカ英語のくだけた言い方で「すばらしい、一流の」の意味の形容詞。ちなみに、A one は、A 1、A-1 とも書かれ、アメリカのステーキソースの名に由来する。⑥のようにも使える。

6 He's in A one condition.

6 は「彼、絶好調だね」の意味。

さらに、crack（一流の）という形容詞を用いて、7 のような形で表現して「いいできだ」の意味を表してもよい。

7 That was crack work!

7 の work には、5 の job とは違って、冠詞 a を付けないこと。

もちろん、「いいできだ」を、「すばらしいもの ⇒ いいできだ」というような発想で表現してもよい。それが、8 である。

8 Great stuff!

参照　▶本領、発揮してるね

part 4
同意・納得の表現

part 4 | 同意・納得の表現

そのつもりだけど

1 **I think so.**
2 **I suppose so.**

会話例

A: Are you making a business trip instead of me?
代わりに出張してくれるんだろうね？

B: Yes, **I think so.** / **I suppose so.**
ああ、そのつもりだけど。

例えば、「彼女の結婚披露宴に出るの？」（Are you coming to her wedding party?）ときかれて、「そのつもりだけど」と答える場合、1 にはこれといった含みはないが、2 には「乗り気はしないけど、しょうがないから出るよ」といった含みがある。

つまり、「思う」という意味で用いられている think と suppose だが、周知のように、think には「考える」、suppose には「想定する」という意味もあり、論理的に考えることが think なのであり、確信をもてないことを表すのが suppose なのである。

そこで、いやいや、あるいは、しぶしぶ同意していることを表すときにも 2 が用いられる。例えば、

Could you help me? — Oh, **I suppose so.**

は、ここでは「手をかしてくれる？——まあ、いいだろう」といった意味合いで、「ほんとはいやだけれど、やってあげる」といったニュアンスが表されている。

では、第三者のことについてきかれて、1 あるいは 2 で答える場合はどうか。

Is he going to the party? ── ① **I think so.**
Is he going to the party? ── ② **I suppose so.**

「彼、パーティーに出るのかな？」ときかれて、①のように答えれば、単に「そう思うけど」と言っているにすぎないが、②のように答えれば、「彼がパーティーに出るかどうかなど、関心はないけれど[どうでもいいけれど]、出るんじゃないの」といった意味合いになる。

part 4 | 同意・納得の表現

なるほどね

1 **That figures.**
2 **Now I get it.**

会話例

A: I was absent from work because my sister got married yesterday.
きのうは妹の結婚式で、仕事、休んだんだ。

B: **That figures. / Now I get it.**
なるほどね。

なにかについて合点がいかないとき、人から説明を受けてはじめてわかるということがある。そのとき、口にする「なるほどね」と納得する言い方が 1 と 2 であるが、1 は「なるほどね、思っていたとおりだ」といったニュアンスで、2 は「なるほどね、それでわかったわ」といったニュアンスで用いられている。

こういう、いわば納得表現は、ほかにもいろいろある。例えば、

3 **That explains a lot.**
4 **That makes sense.**
5 **So that's it.**
6 **You've got a good point there.**

3 は「なるほどね、そういうことなんだ」、4 は「なるほどね、それで納得したよ」、5 は「なるほどね、そういうわけだったんだ」、6 は「なるほどね、いいところに気づいたね」と微妙にニュアンスは異なるが、いずれも納得表現であることに違いはない。

もちろん、次のように、おなじみの I see. を用いてもよい。

I was late for the meeting because there was a lot of traffic.
— **I see.**
交通渋滞で会議に遅れちゃったんだ。——なるほどね。

ちなみに、「なるほど」が納得表現ではなく、いわば強調表現として「ほんとに」、「まったく」の意味で用いられることもあるので注意。

This restaurant **indeed/really** serves a good omelet.
You're **quite** right.

上の例ではそれぞれ、indeed や really、quite といった多かれ少なかれ、強調の副詞が用いられており、「なるほど、このレストランのオムレツはうまいね」、「なるほど、君の言うとおりだよ」の意味が表されている。

参照 ▶君の言うとおりだよ／まったくだね

part 4 | 同意・納得の表現

君の言うとおりだよ／まったくだね

① **You said it.**
② **You can say that again.**

会話例

A: Justice prevails in the end.
　最後に正義が勝つんだ。

B: **You said it. / You can say that again.**
　君の言うとおりだよ。

「君の言うとおりだ」とか「まったくだ」と、相手に同意を与える場合、①が「軽くあいづちを打つ」程度の表現であるのに対して、②は「心からの強い同意を与える」表現になっている。ただ、①と②とでは、①のほうがクールでかっこいい響きがする。

「君の言うとおりだ」と言う場合、①と②だけではない。次のような表現も可能である。

③ **Just as you say.**
④ **You're right.**
⑤ **You're too right.**
⑥ **You got that right.**

③は文字通り、「君の言うとおりだ」という意味の表現であり、④は「君の言うことは正しい ⇒ 君の言うとおりだ」という意味関係の表現になっている。⑤は主にアメリカ英語における強調の同意表現である。⑥は「君はそれを正しく受けとっている ⇒ 君の言うとおりだ」といった感じで用いられている。

さらに、⑦や⑧のような言い方もある。

7 **I'll say!**
8 **You're telling me!**

7 は、やや古めかしい表現だが、「言わせてもらうが、まったく君の言うとおりだね！」、8 は「言ってくれるね、まさに君の言うとおりだよ！」といったニュアンスで用いられている。次に、1つ、7 と 8 の会話例を挙げておこう。

Blue sky, fresh air and clean water! Life couldn't be better!
— **I'll say! / You're telling me!**
青い空、新鮮な空気、きれいな水！ 人生って、最高だね！――まったくだね！

さて、「君の言うとおりだよ」とは逆に、「**ぼくの言ったとおりだろ**」と話し手が自己の正当性を訴える場合はどうか。その場合には、9 や 10 を用いればよい。

9 **What did I say?**
10 **It's as I told you.**

9 は「ぼくがなんて言った？ やっぱりぼくの言ったとおりだろ」といったニュアンスで、10 は文字通り、「ぼくが言ったとおりだ」といった意味で用いられている。

参照　▶なるほどね

part 4 | 同意・納得の表現

君の提案に賛成だ

① I agree to your proposal.
② I agree with your proposal.

会話例

A: Don't you think my proposal is worth considering?
ぼくの提案、一考の価値があるとは思わないかい？

B: No, **I agree to your proposal. / I agree with your proposal.**
ああ、君の提案に賛成だ。

「賛成か、反対か？」と相手に手っ取り早くきく言い方は、例えば、

③ Are you with me or against me?
④ Are you for me or against me?

のように、前置詞の with 対 against、for 対 against といったような対立的な組合せをうまく使えばいいが、③の組合せは、争い・競技で同じサイドに立てるかどうかを問うているのに対して、④の組合せは、意見・提案をサポートしてもらえるかどうかを問うている。

そこで、④のような質問を受けて、「君の提案に賛成だ」と答える言い方が、①と②なのである。が、その場合、①には君の提案を「積極的に支持するよ」といったニュアンスが伴うのに対して、②には君の提案に「同意し、認めるよ」といったニュアンスが伴う。その場合、①には「君の提案に応じる」、②には「君の提案はいいと思う」といった日本語訳をそれぞれ与えると、ぴったりその違いが表せる。

さて、物事に対しては「賛否両論」があっていいわけで、それぞれの立場で、賛成、反対を口にすることができるということは、ある意味、世の中が健全だという証拠にほかならない。そこで、例えば、

「男女産み分けには賛否両論がある」というのも確かにそうで、それを表すとすれば、for and against や pros and cons of といった語句を用いて、次のように言えばよい。

There are arguments **for and against** choosing the sex of children.

参 照　▶そりゃあそうだ

part 4 | 同意・納得の表現

それは一理あるね

1. **You have a point there.**
2. **You are partly right.**

会話例

A: I might as well throw money into the ditch as lend it to him.
彼なんかに金を貸すくらいなら、ドブに放り捨てたほうがましだよ。

B: **You have a point there. / You are partly right.**
それは一理あるね。

相手の意見をきいて、なるほど「それは一理ある」と言う場合、1 では「要点」の意味の point が用いられ、「要点をはずしていないので、一理ある」と言っているのに対して、2 は「一部は的を射ていて、一理ある」と言っているのである。

1 の point には「核心」の意味もあるので、相手の意見をきいて、なるほど「それは核心を突いてるね」と言うのなら、3 を用いればよい。

3. **You get the point.**

この 3 の get the point という表現は「核心を突く」の意味だが、次の 4 の get the point は「理解する」の意味なので、その違いに注意（3 の主語は You、4 の主語は I であることにも注意しよう）。

4. **I don't get the point.**

4 は「君の言ってることは要領を得ないねえ」の意味で、ここでの point はふたたび「要点」の意味を表している。
次の例における point も、「要点」の意味である。

⑤ I take your point.
⑥ Please speak to the point.

⑤と⑥はそれぞれ、「君の言いたいことはよくわかる」、「要領よく話して」の意味。⑥のように言われても、うまくいかずに、例えば、「君の答えはやっぱり要領を得てないよ」などと指摘されるかもしれない。それが、⑦。

⑦ Your answer is still off the point.

さて、「それは一理あるね」の意味でなら、⑧を用いてもよい。

⑧ It makes sense.

⑧は「それって、道理にかなってるね ⇒ 一理あるよ」といった感じである。

part 4　同意・納得の表現

お言葉に甘えて／では、遠慮なく

① I'll accept your kind offer.
② If you insist.

会話例

A: How would you like to have lunch with us?
　ごいっしょにお昼はいかが？

B: Well, **I'll accept your kind offer. / If you insist.**
　では、お言葉に甘えて。

　なにかをすすめられて、それを「お言葉に甘えて」と言って受け入れる場合、①は文字通り、「ご親切な申し出、受けさせていただきます」と言っているのであり、②は「そこまでおっしゃるなら（お受けします）」と言っているのである。

　さて、①のような言い方にはいくつかの類似表現があり、例えば、

③ **Thank you. It's very kind of you to say so.**
④ **I gratefully accept your kind offer.**
⑤ **Thank you indeed. I'll be glad to accept your kind offer.**

などとも言う。つまり、③は「ありがとうございます。ご親切にそう言っていただいて」、④は「ありがたくご親切な申し出をお受けします」、⑤は「ほんとにありがとうございます。喜んでご親切な申し出をお受けします」といった意味合いである。

　他方、②は、「そこまでおっしゃるなら、お言葉に甘えて」といったニュアンスで、相手の好意に甘える場合に用いられるだけではなく、実は逆に、相手が「どうしても」と言うので、それに従ってそのとおりにする場合にも用いられる。

If you insist. I'll let out this room to you.

これは「どうしてもとおっしゃるなら、この部屋、お貸ししますが」といった意味である。

ところで、もちろん、なにかをすすめられて、「お言葉に甘えて」、「では、遠慮なく」と言って受け入れを表す言い方は、①〜⑤だけではない。例えば、次の I don't mind if I do. がそうである。

⑥ Go ahead. You might not like it. — **I don't mind if I do.**
おひとつどうぞ。お口に合いますかどうか。——お言葉に甘えて。

⑥の I don't mind if I do. は「いただいてもいいですよ、遠慮なくね」といったニュアンスで用いられている。

さらにていねいに、「お言葉に甘えて」と言いたければ、⑦のような表現を用いればよい。

⑦ **I guess I'll take you up on that.**

⑦は、I'll take you up on that offer.（あなたのその申し出に応じます）から offer を省略し、文全体の響きをソフトにするために文頭に I guess を付加した言い方になっている。

part 4　同意・納得の表現

いいね!／それ、賛成!

① **I'm for that.**
② **That's what I say.**

会話例

A: I'll be the organizer of our year-end party.
忘年会の幹事、俺やるよ。

B: **I'm for that. / That's what I say.**
それ、賛成！

「いいね！」と言っても、相手の意見・考えなどを自分も「支持するよ」と言っているのが ① であり、「そこが俺の言いたいとこなんだ、いいね！」と同調しているのが ② である。
　この ② の I を you に代えると、③ のようになり、

③ **That's what you say.**

「それは君が言ってることで、俺はそうじゃない」から「賛成できないよ」と言っていることになる。
　さて、「いいね！」、「それ、賛成！」の言葉は、相手の提案に同意するようなときにも叫ばれる。例えば、「お茶にしようか」という提案の

④ **Let's have a coffee/tea break, shall we?**
⑤ **How about a coffee/tea?**

に対して、「いいね！」、「それ、賛成！」と応じるなら、⑥〜⑩ が用いられる。

6 **(That's a) good idea.**
7 **(That's) great.**
8 **That would be nice.**
9 **Yes, let's.**
10 **All right. / OK. / Sure.**

上記のうち、9 は Let's ～ ? による誘いへの賛同の意を表す言い方であり、10 は「もちろん、いいとも」といった感じで賛成の気持ちを伝えている。

参照 ▶もちろんだよ／いいとも

part 4 | 同意・納得の表現

そりゃあそうだ

1 **That's a good point.**
2 **That sounds logical.**

会話例

A: Let's go by train. So we don't get caught in traffic.
電車にしようや。そうすりゃあ、渋滞にまきこまれなくてすむしさ。

B: **That's a good point. / That sounds logical.**
そりゃあそうだ。

相手の言ったことに同意する表現としては、日本語にもいろいろあるが、英語にも実に多様な言い方がある。1と2もそれらのうちの1つで、1は相手の言ったことが「いいところを突いている」と言っているのに対して、2はそれが「理にかなっている」と言っているのである。

この2は相手の言ったことに対するあいづち表現であるが、次の3のようにlogicalが用いられた表現は、感情的に相手の論理のなさを非難する表現になっている。

3 **Please be logical.**

3はさしずめ、「ちゃんと考えろよ」といったニュアンス。これをソフトな調子で言いたければ、4を用いて、「ちゃんと考えてみましょうや」と言っておけばよい。

4 **Let's think about this.**

さて、1と2以外の「そりゃあそうだ」に相当する言い方を、次にいくつか見ておこう。

⑤ It's exactly as you say.
⑥ I agree with you.
⑦ I've no problems with that.
⑧ I'm with you.

⑤は「そりゃあそうだよ、君の言うとおりだ」、⑥は「そりゃあそうだよ、賛成」、⑦は「そりゃあそうだ、異存はないよ」、⑧は「そりゃあそうさ、同感だね」といったニュアンスで、それぞれ用いられている。

参照　▶君の提案に賛成だ

part 4 | 同意・納得の表現

もちろんだよ／いいとも

1 **Definitely.**
2 **Sure thing.**

会話例

A: Is he coming here?
　彼、ここに来るんだろうな？

B: **Definitely. / Sure thing.**
　もちろんだよ。

「もちろん」に相当する表現には、例えば、

3 **Of course.**
4 **Certainly.**
5 **Surely.**
6 **Sure.**
7 **OK.**
8 **All right.**
9 **By all means.**
10 **Why not?**

など、おなじみの言い方がある。3 は一般的な文句だが、場合によっては「もちろん ⇒ わかりきったことじゃないか」と、無礼な響きを伴わないこともない。

4 はどちらかと言えば、イギリス英語、5 はどちらかと言えば、アメリカ英語。6 はアメリカ英語のくだけた言い方。7 と 8 もくだけた言い方。9 にはていねいな響きが伴う。10 は「〜したらなぜいけないの？ ⇒ いけないことなどないよ、当然のことだもの」といった発想で用いられている。

ちなみに、3、4、6、7、8では、どれが一番ていねいか。拙著『英語シノニム比較辞典』によれば、

Certainly. ＞ Of course. ＞ Sure. ＞ All right. ＞ OK.

のように、4が相手に対して言う場合の「ていねいさ」の度合いという点では、一番ていねいである。

それはさておき、1は「一番確かさ ⇒ 当然」といったニュアンスで、2は「確実なことさ ⇒ 当然」といったニュアンスで用いられている。2はとくにアメリカ英語の話し言葉でよく用いられる。

ところで、「もちろん」の意味でなら、1〜10以外にもさまざまな表現がある。例えば、

11 **You bet.**
12 **You betcha.**
13 **No problem.**
14 **And how.**
15 **Very much so.**
16 **Even more than you think.**
17 **Why, yes!**

11は「確かさ ⇒ もちろん」といった感じで、くだけた言い方。12は、11のなまった言い方。両者とも「もちろん」以外に、俗語レベルで、Thank you. に対して「どういたしまして」に相当する「**気にしなくていいよ**」といった応答文句としても用いられる。

13は「問題なし ⇒ いいよ、もちろんだよ」といった感じ。14はやや古くさい響きがするが、アメリカ英語のくだけた言い方で「いいとも」といった感じ。

15は文字通り、「まったくそのとおりで、いいですよ」、16は「君の思いの丈以上だから、まあ、安心していて、いいですよ」といった発想。

17は「なぜ（そんなこときくの）？ そのとおりさ！」、「当然のこと

part 4 | 同意・納得の表現

だろ」といった感じで用いられている。そこで、会話例を1つ。

Is this really your wallet? — **Why, yes!**
これ、ほんとに君の財布？——もちろん！

以上、さまざまな、「もちろん」に相当する表現を見てきたが、最後に1つ。例えば、相手が「質問していいですか？」とか「トイレ、お借りしていいですか？」と言ったのに対して、「どうぞ」の意味で「もちろん(ですとも)」と応じる場合、上の ③ や ⑥ などを用いてもよいが、「もちろんですとも ⇒ さあ、どうぞ」と相手に促しているととれば、⑱ を用いてもよい。

⑱ **Go ahead.**

参照　▶いいね！／それ、賛成！　▶どういたしまして
　　　▶どうぞお召し上がりください

part 5
嘆き・諦めの表現

part 5 | 嘆き・諦めの表現

またやっちゃった!

① **I did it again!**
② **It's me again!**

会話例

A: **I did it again! / It's me again!**
またやっちゃった！

B: **What have you done this time?**
こんどはなにをしでかしたんだい？

日頃、次の ③ や ④ のように「**ドジだなあ**」と言われている人物が、ご多分にもれず、なにかしくじって「またやっちゃった！」と言うような場合の言い方が ① と ② である。

③ **You're a (real) klutz.**
④ **You're a (real) goof.**

しかし、① が文字通り、「またやっちゃった！」と言っているのに対して、② は「また、ぼく［私］なの」と、例えば、子供が親に謝っているような言い方である。そして、この ② は、次の ⑤ と比べられる。

⑤ **It's you again!**

⑤ は、例えば、親が子供に「またおまえか！」、「またやったのか！」と叱るような場合の言い方である。
ところで、「またやっちゃった！」と言う場合、① や ② だけではない。例えば、次のような言い方も可能である。

6 **I slipped up again.**
7 **I screwed (it) up again.**
8 **I flunked it again.**
9 **I blew it again.**

6〜9のいずれも、「またしくじっちゃった、またやっちゃった」の意味を表すが、8と9は主にアメリカ英語の用法。6のslip upはここでは「つまらないことで失敗する」、7のscrew upは「〜を台なしにする」、8のflunkは「〜を落とす」、9のblow itは「せっかくの機会をふいにする」の意味からそれぞれ、againを伴って「またしくじる」となるのである。

さて、「またやっちゃった」は「またかよ」とも言える。ところが、この「**またかよ**」は「また始まった」の意味にもなる。その場合は、10や11のように表せる。

10 **There/Here they go again.**
11 **Not again.**

10は「やつら、また始めてる」といった感じで、There/Hereの部分を伸ばし気味で言うと、「あきれ果てた」ニュアンスが表せる。つまり、10は喧嘩とか自慢話などが繰り返されるときに使う典型的な文句で、「やれやれ、またかよ」といった意味合いで用いられる。

他方、11は「もう、いいよ ⇒ またかよ、やめてよ」といったニュアンスで、繰り返し厄介なことを頼んでくる人物や、繰り返し失敗ばかりしている人に対して使う言い方である。この場合、目上の人が目下の人に使うのはいいが、その逆はきわめて失礼である。

part 5 | 嘆き・諦めの表現

勘弁してよ

1 **Give me a break.**
2 **Have a heart.**

会話例

A: Help me if you have nothing else to do.
暇だったら手伝ってよ。

B: Come on. **Give me a break.** / **Have a heart.**
おいおい。勘弁してよ。

こちらはこちらでやることがあるのに、相手方から頼まれごとをされると、ついつい「勘弁してよ」と言いたくもなる。その文句を表すのが 1 と 2 であるが、1 は「こちらにも少しはチャンス、与えてよ ⇒ いい加減、うんざりだよ ⇒ だから、勘弁して」といった意味関係で用いられている。この場合の break はくだけた言い方で、「チャンス、好機」の意味。このような 1 は、とくに友達同士の会話で用いられる。

他方、2 は「思いやりをもって、勘弁してよ」といったニュアンス。この場合の heart は、「人情、思いやり」のこと。

こうした、相手方からの頼まれごとを断る「勘弁してよ」という文句としては、3 や 4 も可能である。

3 **Let/Get me off the hook.**
4 **I'd like to beg off.**

3 の let/get 〜 off the hook には元来、「〜を窮地から助ける」とか「〜を重圧から解放する」の意味があり、そこから「そんな責任押し付けないで、勘弁してよ」といったニュアンスで用いられている。

他方、4の beg off は元来、「（約束などを）言い訳をして断る」の意味であり、そこから「断るだけの訳があるんだから、勘弁してよ」といったニュアンスで用いられている。

そこで、3と4の会話例を1つ。

I'm sorry, but you're the only one free. — Well, I'm busy right now. **Let me off the hook** on that one. / **I'd like to beg off** that one.

すまないが、君しか手のあいてるのがいないんだ。——でも、いま忙しいんで、そいつは勘弁してよ。

参 照　▶そんな殺生な！

part 5 | 嘆き・諦めの表現

チンプンカンプンだ!

① **That makes no sense!**
② **You lost me!**

会話例

A: Can you understand me?
　言ってること、わかる？

B: No. **That makes no sense!** / **You lost me!**
　いや。チンプンカンプンだ。

　相手の言っていることがよくわからない場合、「チンプンカンプンだ」と言ったりするが、①は「それって、わからん」、②は「なにが言いたいのか、さっぱりわからん」といった意味合いで用いられている。
　こうしたお手上げ状態を言い表すには、ほかにもさまざまな表現が可能である。例えば、「話の筋道がつかめなくて、チンプンカンプンだ」というのも、その1つであり、③や④がそれにあたる。

③ **I don't have a clue!**
④ **I'm totally clueless (about that)!**

また、②を受動態にしたような、⑤も可能である。

⑤ **I'm (a bit) lost.**

　⑤は「頭が混乱していて、チンプンカンプンだ」といったニュアンス。
　さらに、名詞の gibberish（訳のわからないおしゃべり）を用いたり、熟語の cannot make head or tail of 〜（〜がさっぱりわから

ない)、be as clear as mud(ちっともわからない)などを用いてもよい。

⑥ **Your explanation's just gibberish to me.**
⑦ **I cannot make head or tail of your explanation.**
⑧ **Your explanation's as clear as mud.**

⑥〜⑧は「君の説明って、チンプンカンプンだね」という意味ではほぼ共通している。

なお、文字通り、⑨のように「君の言ってることは全然理解できない ⇒ チンプンカンプンだ」と言ってもよい。

⑨ **I can't understand you at all.**

part 5 | 嘆き・諦めの表現

肩が凝ってねえ

1 I've a stiff lower neck.
2 I've stiff shoulders.

会話例

A: **I've a stiff lower neck. / I've stiff shoulders.**
　肩が凝ってねえ。
B: You worked too much.
　働きすぎだよ。

　英米人は、日本人ほど肩凝りを意識したり、話題にしたりすることはないようであるが、それでも英語でそれを普通に言うとしたら、1のように neck の下の部分が硬くなるという発想をする。2の shoulder の場合だと、肩だけでなく、背中から上腕部までも含む広い範囲が対象になっている。
　肩が凝れば、ついつい3や4のように言いたくもなる。

3 **Can you give me a neck rub?**
4 **Can you give me a shoulder massage?**

　3と4はいずれも、「ちょっと揉んでくれる？」の意味。massage は「マッサージ」することだが、rub は「こすること」を指す言い方。
　では、「揉む」のではなく、「たたく」場合はどうか。

5 **Can you give me pats on the shoulders to relieve stiffness?**

　5は「ちょっと、肩、たたいてくれる？」の意味を表す。
　「肩をたたく」のは凝りをほぐすためだけではない。呼び止めたり、

注意を自分のほうに向けさせたりするようなときにも、肩はたたかれる。

⑥ **A policeman tapped me on the shoulder.**

⑥は「警官がぼくの肩をたたいたんだよね」の意味。

さらに、嫌な「肩たたき」にあうことだってありうる。つまり、退職勧告であり、⑦は「彼、肩たたきにあったんだ」の意味。

⑦ **He was tapped for retirement.**

part 5 | 嘆き・諦めの表現

首になっちゃった

① **I got fired.**
② **I got the sack.**

会話例

A: How's your work going?
　仕事、うまくいってる？

B: **I got fired. / I got the sack.**
　首になっちゃった。

　「首になる」という意味の get fired も get the sack あるいは get sacked も、いずれも、くだけた言い方であるが、sack を使う言い方は、主にイギリス英語。

　もっとも、イギリス英語とは言うものの、それは sack が「解雇（する）」の意味の場合であって、sack が「袋」を意味するときは、そのかぎりではない。そこで、

③ **The boss gave me the sack.**
④ **The boss gave me a sack.**

　③は「上司が俺を首にしやがった」という意味、④は「上司が俺に袋を1つくれた」という意味。これすなわち、give ～ the sack と give ～ a sack における冠詞の the と a の違いということになる。

　さて、「首になる」にせよ、「首にする」にせよ、sack ばかりを用いる必要はない。boot という語を用いて、次のようにも言える。

⑤ **He got the boot.**
⑥ **He gave me the boot.**

⑤は「彼、首になったよ」、⑥は「彼、俺を首にしやがった」の意味。それぞれ、boot は俗語表現で「解雇」のこと。

ここで、sack に戻ると、次の hit the sack はどうか。

⑦ **He's already hit the sack.**

⑦は「彼、もう寝たよ」の意味で、hit the sack は主にアメリカ英語の俗語で見られる用法である。この場合の sack は「解雇」でも「袋」でもない、「ベッド」のこと。

part 5 | 嘆き・諦めの表現

もううんざりだよ

1. **It gets me down.**
2. **I'm fed up with it.**

会話例

A: The boss made a lengthy speech to begin the new year, eh?
社長の年頭のスピーチ、長かったねえ。

B: That's right. **It gets me down. / I'm fed up with it.**
まったく。もううんざりだよ。

　人の長話か愚痴かは知らないが、相手を「うんざりさせる」ということは、ときたまある。その場合、「憂うつになるね」とか「がっかりだね」といったニュアンスで用いられるのが ① である。他方、「飽き飽きするね」といったニュアンスで用いられるのが ② である。つまり、「憂うつ」にさせられようが、「がっかり」させられようが、さらに「飽き飽き」していようが、すべて「うんざりだ」という場合の中身を表すことになる。

　こういう「うんざりしている」ことを表す表現は、① と ② 以外にも見られる。例えば、

3. **I'm up to here with it.**
4. **I'm sick (and tired) of it.**
5. **I'm bored with it.**
6. **I've had enough of it.**

　③ は「それには耐えられないくらい、もううんざり」と言っている感じ。④ は ② と同様、「それには飽き飽きしていて、もううんざり」といったニュアンス。⑤ ははっきりと「それには退屈している」ので、したがって、「もううんざり」と言っている。⑥ は「それはも

う十分だ ⇒ もううんざり」といった関係が成り立っている。

　このうち、4 については、「うんざりだ」の意味の be tired of より強意的なのが be sick of であり、それよりさらに強意的なのが be sick and tired of である。

part 5 | 嘆き・諦めの表現

万事休すだ

① **We're sunk.**
② **There's no way out.**

会話例

A: The land fell into his hands.
　土地は彼の手に渡ったよ。

B: **We're sunk. / There's no way out.**
　万事休すだ。

　なにかがもう手の施しようがない状態・状況になったとき、われわれは「万事休すだ」と言ったりする。そのことを表すのが①と②であるが、①は sunk（救いようがない、すっかりだめだ）という形容詞が用いられたくだけた表現であるのに対して、②は way out（出口、解決法）という名詞が用いられた表現で、「なんら解決策がない ⇒ 万事休す」という意味関係が成り立っている。

「万事休す」とは、「すべて終わり」ということであるから、文字通り、次のように言ってもよい。

③ **All is over/up (with us).**
④ **It's all over/up with us.**

さらに、game（計画、計略、試合）という名詞を用いて、次のようにも言える。

⑤ **The game's up.**

　⑤の意味関係の可能性としては2つあり、その1つが「計画は失敗した ⇒ 万事休すだ」ということであり、もう1つが「試合終了！

⇒ 万事休すだ」ということである。

ところで、この game という語は、次のようにも使える。

6 **What's game?**
7 **None of your games!**

6は「いったいなにが目的なんだい？」、7は「**その手は食わんぞ！**」の意味を表す。それぞれ、game の「計画、計略」の意味が生かされた表現である。

では、次の例の game はどうか。

8 **No more games.**

8の game は「冗談」の意味であり、そこで、8は「**ふざけるのもいい加減にしろよ**」、「おふざけはもうたくさんだ」ということを表している。

参照　▶お手上げだよ／どうしようもない　▶もうだめだ

part 5 | 嘆き・諦めの表現

もうだめだ

① **It's all over with me.**
② **I've had it.**

会話例

A: We closed applications for the post.
そのポストへの応募、締め切ったけど。

B: Oh, really? **It's all over with me. / I've had it.**
えっ、ほんと？ もうだめだ。

なにかで絶望状態に陥ったようなとき、諦めの境地で口にする言葉が ① と ② であるが、問題はなぜ両者が「もうだめだ」を表すのかという点である。

① は「万事終わりだ ⇒ もうだめだ」といったニュアンスで用いられるのに対して、② には it がさまざまな意味を指す可能性があるので、いくつかのケースが想定される。すなわち、

「うんざりだ・たくさんだ ⇒ もうだめだ」
「やられた・負けた・失敗した ⇒ もうだめだ」
「チャンスを逃した ⇒ もうだめだ」
「時代遅れだ・流行遅れだ ⇒ もうだめだ」

などといったニュアンスで用いられる。

この ② の it の代わりに enough を用いて、③ のように言ってもよい。

③ **I've had enough.**

この場合は、「もうたくさん、これ以上だめ」といったニュアンスで、上のケースで言えば、最初のケースにあてはまる。

もちろん、「もうだめだ」と諦めの気持ちを表すなら、例えば、「私

は〜を諦めた」などという表現形式を用いてもよい。

4 I gave up playing the piano.
5 I gave up on playing the piano.

4と5はいずれも、「私、ピアノ、もうだめなの」といった意味を表すが、4が単に「ピアノを弾くのはやめた」と言っているにすぎないのに対して、5は「ピアノを弾くことには見切りをつけた」と強く言い切っている。

次に、動詞 forget を用いた表現形式もあるが、「もうだめだ」というよりはむしろ、「諦められない」気持ちそのものを表現する言い方になっている。

6 I can't forget him.
7 I can't forget about him.

6と7はいずれも、「彼とはもうだめなの。でも、忘れられないし、諦められない」といった意味で、7には6以上に、「彼」への「悶々・切々とした気持ち」が強く表されている。

参照　▶万事休すだ

part 5 | 嘆き・諦めの表現

すんだことは仕方ないさ

1 **I've done what I've done.**
2 **I did what I did.**

会話例

A: Haven't you made a bargain with the company?
そことの取引、まとまらなかったんだって?

B: No. **I've done what I've done. / I did what I did.**
ああ。すんだことは仕方ないさ。

　英語のことわざで、「すんだことは仕方がない」ということを表す言い方に、

3 **It's no use crying over spilt milk.**
4 **There's no sense crying over spilt milk.**
5 **What is done can't be undone.**

のようなものがあるが、1 と 2 もそれに類する表現である。
　その場合、1 は「すんだことは仕方ない」が「やったことに対しては、いまでも責任がある」と言っているのに対して、2 は「やってしまったことはやってしまったことで、後のことまで責任はもてない」と言っているのである。つまり、1 と 2 の違いは、現在完了形と単純過去形の違いで、現在完了形は過去と現在とがかかわりをもつが、単純過去形は過去の事柄のみを指し、現在とのかかわりはないのである。
　こういう、現在とのかかわりの有無は、次のような例でも見られる。

6 **What have you done today?**
7 **What did you do today?**

⑥では、「いつもへまばかりやってるけど、今日はなにをしでかしたんだい？」といったニュアンスが表されており、⑦では、単に「今日はなにして過ごしたの？」といった意味が表されているにすぎない。

ところで、「すんだことは仕方ないさ」と言うとき、⑧や⑨のような言い方を用いてもよい。

⑧ **What's done is done.**
⑨ **It can't be helped.**

同じことを言うにも、⑧は「すんだことは、すんだこと」と肯定的に表現しており、⑨は「それって、どうしようもない ⇒ すんだことだから、仕方ないよ」と否定的に表現している。

参照　▶洗車しといたよ　▶仕方ないよ
　　　▶お手上げだよ／どうしようもない

part 5　嘆き・諦めの表現

わかりません

1 **I don't know.**
2 **I've no idea.**

会話例

A: Excuse me. Which way is the station, please?
　すいません。駅はどっちでしょうか？

B: Sorry, **I don't know. / I've no idea.**
　ごめんなさい、わかりません。

なにか人からきかれて、わからなければ、無責任に答えるよりははっきり「わかりません」と言うほうがいい場合もある。その文句を表しているのが 1 と 2 であるが、2 のほうが強意的で、不確かでまったく「わかりません」と言っていることになる。もちろん、2 は 3 のようにも言えるが、意味的には、やはり 2 のほうが 3 よりは強い。

3 **I don't have any idea.**

ところで、実は、この idea がくせものなのである。というのは、2 とは異なり、4 のように言えば、意味が違ってくるからである。

4 **I've no ideas.**

4 は「私にはアイデアのもちあわせはありません」と言っている。つまり、idea か ideas かの違いということになるが、今度は、2 の主語の I を、5 のように He に代えてみよう。

5 **He's no idea.**

わかりません

　そうすると、⑤は「彼って、全然だめな男だね」の意味になる。つまり、⑤の have no idea は「能力がまったくない」の意味を表す。
　ここで、主語を人間以外のものに置き換えてみよう。すると、例えば、⑥のように、相手の言ったことに賛同して、「そのとおり！」、「それはいい！」といった意味が表せる。

⑥ **That's an idea!**

参照　▶さあねえ　▶そのとおり！／正解！

part 5 | 嘆き・諦めの表現

仕方ないよ

1 **It can't be helped.**
2 **That's life.**

会話例

A: I was turned down again when I asked her out.
　彼女、誘ったら、また断られちゃった。
B: Well, **it can't be helped.** / **that's life.**
　まあ、仕方ないよ。

「仕方がない」という日本語表現は、いくつかの場合に用いられる。例えば、「どうすることもできない」ので「仕方がない」という場合や、「それが人生というものだ」から「仕方がない」ので「諦めなさい」という場合である。1 が前者の場合であり、2 が後者の場合である。この 2 とよく似た言い方に、3 がある。

3 **That's the way it is.**

3 は「世の中、そういうもんだ」から「仕方ないよ」という発想の表現である。
では、「すんだことは、すんだこと」で「仕方がない」と言うのであれば、どう言えばいいか。その場合は、4 を用いればよい。

4 **What's gone is gone.**

さらに、「選択の余地がない」ので「仕方がない」という場合もあれば、「避けられない」ことなので「仕方がない」という場合もある。また、「仕方がない」ので「甘んじて受け入れざるをえない」という場合もある。これらに相当する表現がそれぞれ、5〜7 である。

仕方ないよ

⑤ **You have no choice but to tell the truth.**
⑥ **It cannot be avoided.**
⑦ **You have to accept his excuse.**

⑤は「ほんとのこと言うより仕方ないよ」、⑥は「それって、避けられないので仕方ないよ」、⑦は「彼の弁解は仕方ないよ」という意味を表している。

ところで、「仕方ないよ」をずばり言い表す表現として、⑧や⑨のようなものもある。

⑧ **What (else) do you expect?**
⑨ **So be it. / Be it so.**

⑧の意味関係は、「(ほかに) なにを期待してるの？ ⇒ 期待することなんかないでしょ ⇒ それが当然なの ⇒ だから、仕方ないでしょ」といった感じ。

⑨は「それならそれで、仕方がない」といったニュアンスで、Let it be so.（それならそれでよし）から派生した言い方。

そこで、このうち⑧が用いられた会話例を1つ見ておこう。

I haven't been feeling so great. — **What do you expect?** Maybe you're getting old.
このところ調子が悪くてねえ。——仕方ないよ。もう歳なんだから。

参照　▶その調子だ　▶すんだことは仕方ないさ
　　　▶世の中、そんなもんさ／人生、そんなもんさ
　　　▶お手上げだよ／どうしようもない

part 5 | 嘆き・諦めの表現

あっけなく終ったね

1 **It ended all too soon.**
2 **It ended only too soon.**

会話例

A: This festival took time and money.
この祭りには時間と金がかかったんだぜ。

B: **It ended all too soon. / It ended only too soon.**
あっけなく終ったね。

時間に関して、「あっけなく」の意味を表す all too soon と only too soon とでは、only too soon により強く「残念・遺憾」のニュアンスが出ている。そこで、1 や 2 のように「それって、あっけなく終ったね」と言う場合でも、2 のほうが 1 よりも「あっけなく終って、残念だ」といったニュアンスが強い。

そこで、同様に、

3 **Their visit was all/only too short.**

といった場合でも、only を使うほうが「彼らの訪問はまったく短すぎだ ⇒ 駆け足だった」という意味では、all を使う場合に比べて、遺憾の意が強く出ている。

こういう遺憾の意を表すことに長けている only too は、4 のようにも使える。

4 The news was **only too** true.

4 は「その知らせは残念ながら本当であった」という意味である。では、all too や only too に似た、次の quite too はどうか。

5 The bazaar was **quite too** pleasant.

5は「バザーは実に楽しかった」という意味で、quite too が「実に、まったく」の意味を表す。

さらに、この quite too は、

6 Your dress is **quite too.**

のように、それだけで「素敵な」の意味をも表すので、6は「お洋服、素敵ね」の意味になる。この場合、quite too の代わりに、too too も使える。

part 5 | 嘆き・諦めの表現

お手上げだよ／どうしようもない

① **I throw up my hands.**
② **I'm in over my head.**

会話例

A: How do you like mathematics?
　数学はどう？
B: **I throw up my hands. / I'm in over my head.**
　お手上げだよ。

「お手上げ」とは「どうにもしようがなくなること」を言うのだが、①は文字通り、両手をあげて「降参！ ⇒ お手上げです」といったニュアンスであるのに対して、②は「お手上げだよ」と言っても、「にっちもさっちもいかなくて、困っています」といったニュアンスである。これが、先生に質問されたときに、答えられなくて「お手上げです」と言うような場合は、③を用いて、「わかりません、諦めの境地です」といったニュアンスが表せる。

③ **I give up.**

この③などは、比較的おなじみの言い方だが、次の④のような言い方も、「手の施しようがなく、どうしようもありません」といったニュアンスで、よく使われる。

④ **Nothing could be done (about it).**

④と似てはいるが、違うのは「いまの状況に手の施しようがない」ので、「お手上げだ」と言っている⑤である。

⑤ **The situation is out of control.**

⑤のように、ずばり situation という語を用いているという点では、次の ⑥ も同様である。

⑥ **It's a no-win situation.**

⑥ は「いまの状況はどうしても勝てる状況ではないが、かと言って、解決策もなく、八方ふさがりの状況でどうしようもない」、「お手上げだ」となる。

この ⑥ の win という語とも重なるが、試合などで勝ち目がなく「万事休すで、お手上げだ」と言いたいときは、⑦ を用いればよい。

⑦ **The game's up.**

さらに、「なにかの深みにはまってしまって、どうしようもなく、お手上げだ」と言いたいときには、⑧ を用いればよい。

⑧ **I'm in deep water.**

⑧ の deep は「深い」の意味であることは言うまでもないが、次の ⑨ の depth は「(学識の) 深み ⇒ 高度の知識」の意味。

⑨ **I'm out of my depth at physics.**

⑨ は「物理に関しては、ぼくの知識の及ぶところじゃない ⇒ 物理はお手上げだよ」と言っているのである。この ⑨ は、⑩ のようにも言える。

⑩ **Physics is above my head.**

⑩ の be above one's head は熟語で「難しくて〜にはわからない」の意味。

ところで、「お手上げ」の状態や「どうしようもない」状況は過去にも適用される。その1つが、⑪ である。

part 5 | 嘆き・諦めの表現

11 **It was just one of those things.**

11 には「いつものことで、どうしようもなかったんだ」といったニュアンスがあるので、例えば、次のような会話で用いられる。

Why weren't you at the meeting? — I couldn't make it.
It was just one of those things.
どうして会議の場にいなかったんだ？――間に合わなかったんだ。どうしようもなくてね。

こうした過去の状況に言及して、「どうしようもなかったんだ」と言うのなら、12〜14 を用いてもよい。

12 **I couldn't do/help it.**
13 **It was an art of God.**
14 **It was inevitable.**

12 の do の場合は、「できなかった ⇒ どうしようもなかった」、help の場合は、「仕方なかった ⇒ どうしようもなかった」となる。しかしながら、help を用いた場合、問題の改善に積極的に取り組んでいるといったニュアンスが伴わず、消極的。これを、15 のようにすれば、その消極性はうすれる。

15 **It couldn't be helped.**

では、13 はどうか。13 の art of God は「不可抗力」の意味なので、「不可抗力だった ⇒ どうしようもなかった」となる。

14 は文字通り、「それは避けられなかった ⇒ どうしようもなかった」ことを表す。

参照　▶万事休すだ　▶すんだことは仕方ないさ　▶仕方ないよ

part 6
困惑・怠惰の表現

part 6 | 困惑・怠惰の表現

さあねえ

① **Can't say.**
② **I wonder.**

会話例

A: Who do you think is the most beautiful girl?
だれが一番の美人だと思う?

B: **Can't say. / I wonder.**
さあねえ。

不意になにか質問されて、なんと答えていいか、すぐに返答できないようなときに、少々困惑気味に、あるいは躊躇しながら「さあねえ」と言ったりするが、そのときの表現が ① と ② である。① は「なんとも言えないねえ」、② は「そうかな」といったニュアンスでの「さあねえ」である。

① と同様のニュアンスをもつ言い方として、③ がある。

③ **Well, I can't tell.**

さらに、④ 〜 ⑥ のような表現も可能である。

④ **I'm not sure.**
⑤ **Can't say for sure.**
⑥ **I don't know yet.**

④ 〜 ⑥ はそれぞれ、「確かなことはわからない」、「確かなことは言えない」、「いまのところはわからない」といったニュアンスで「さあねえ」と言っているのである。そして、④ とよく似た言い方に、⑦ がある。

さあねえ

7 **Well, I wouldn't be so sure.**

7 では「さあ、それはどうかな ⇒ さあねえ」といった意味関係が成り立っている。

さて、2 の I wonder. は相手の発言に対して使えば、「そうかな ⇒ さあねえ」となるわけだが、8 のように文末で用いられると、「実際はどうなんだろう」と自問するような意味合いになる。

8 **But is that true, I wonder?**

8 は「でも、それって、ほんとなのかな？」と自問している。この場合、文末は上昇調で言うこと。もし、下降調で言えば、「でも、それって、うそに決まってるさ」といった意味になる。

ここで、もう一度、話を「さあねえ」に戻すと、9 のような言い方も可能である。

9 **You got me (there).**

9 は「君とは（その点は）わかりあっていると思うが、実際のところはどうなんだろう、わからないよねえ」から「さあねえ」が意味的に派生していると考えてよい。そこで、会話例を1つ。

Why do you think we had to be scolded? — **You got me.**
なぜ俺たち叱られなくちゃならなかったと思う？――さあねえ。

参照　▶わかりません　▶わかるもんか

part 6 困惑・怠惰の表現

わかるもんか

① **Who can say?**
② **Who knows?**

会話例

A: Is he late as usual today?
　彼、今日も遅刻？

B: **Who can say?** / **Who knows?**
　わかるもんか。

きかれたことに対して、いらだちや驚きを示して、そんなこと「わかるもんか」ときっぱり告げる言い方が ① と ② である。が、① は、とくに予測がつかないことをきかれたようなときに、「そんなこと、だれがわかる？ ⇒ わかるもんか」といった感じの修辞疑問文になっている。同様に、② も修辞疑問文だが「だれが知ってる？ ⇒ だれも知らないさ、わかるもんか」といった感じで用いられている。

① は、後に文句を従えて、例えば、③ のようにも言える。

③ **Who can say** when she will come?

③ は「彼女がいつ来るかなど、わかるもんか」と言っている。
他方、② は、次のように Who 〜 ? をたて続けに言うような場合に用いられることがある。次は『ユースプログレッシブ英和辞典』からの引用例である。

"Do you think they will get married?"
"**Who knows?** — and frankly **who cares?**"

これは「あのふたり、結婚するかな？」ときかれたのに対して、「わ

かるもんか、それに、はっきり言って、それって、どうでもいいことだし」と返答している。

もちろん、「わかるもんか」という言い方はほかにもある。

④ **Don't ask me.**
⑤ **Beats me.**
⑥ **How should I know?**

④は「きかないで、私にはわかりかねるから」といったニュアンスで、いらいらした気持ちが如実に示された表現である。

⑤の beat は「とまどわせる」、「わからなくさせる」といった意味で、It beats me. からきた表現。「とまどってて、わからない」といったニュアンス。この場合、you を主語にした形の⑦も可能である。

⑦ **You got me beat.**

では、⑥はどうか。⑥も修辞疑問文の一種で、「どうしてわかるはずがある？ ⇒ わかるもんか」と言っている。そして、この⑥には、⑧〜⑩のような類似表現も見られる。

⑧ **How would I know?**
⑨ **How do I know?**
⑩ **How am I to know?**

ところで、最も普通に「わかるもんか」と言うのなら、⑪でも十分である。

⑪ **I don't know.**

ただ、⑪には「さあ、どうなんだろう」とか「よくわからないが」といったニュアンスが伴うことがある。

参照　▶わかりません　▶さあねえ

part 6 | 困惑・怠惰の表現

好きにすれば／ご勝手に／どうぞご自由に

① **Suit yourself.**
② **Have it your way.**

会話例

A: I want to live alone.
　ひとり暮らししたいんだ。

B: **Suit yourself. / Have it your way.**
　好きにすれば。

わが道を行く人にはお手上げなので、「好きにしたら」とつい言いたくもなる。その言葉を表すのが ① と ② であるが、① は内心腹は立っているが、それをいくらか抑えて、皮肉を込めて言う表現であるのに対して、② は「お好きにどうぞ」という気持ちはあるものの、100 パーセント許しているわけではなく、いわば黙認した言い方である。

普通に、「お好きにどうぞ」と言うのであれば、③ を用いればよい。

③ **Do as you please/like.**

さらに、④ のような形でも、普通に言う「お好きにどうぞ」は表せる。

④ **Please yourself.**

③ や ④ のように普通にとはいかないが、「好きにすれば」を表す言い方としては、① と ② 以外にも、次のようなものがある。

⑤ **Be my guest.**

好きにすれば／ご勝手に／どうぞご自由に

6 **See if I care.**
7 **There's the door.**
8 **It's your funeral.**

5 は「ゲストだから、どうぞお好きに」、6 は「気づかってるんだから、どうぞお好きに」といったニュアンス。

問題は、7 と 8 である。7 は「ドアはあっちだよ ⇒ (だから) どうぞご勝手に」といったニュアンスで、皮肉たっぷりな響きが伴う。他方、8 の funeral は「葬式」の意味ではなく、「かかわりのあること」の意味で、「それは君にかかわりのあることで、私の知ったことじゃないから、どうぞご勝手に」といったニュアンスで用いられている。そこで、8 の会話例を 1 つ。

I'm leaving you. — Go right ahead. **It's your funeral.**
出て行くよ。——出て行けばいいわ。あなたの勝手なんだから。

ちなみに、8 の It's your funeral. の逆の発想で表現したものが、9 であるが、同じことを言っていることに違いはない。

9 **It's not my funeral.**

参照　▶いい加減にしろよ！　▶勝手にしろ！

part 6 | 困惑・怠惰の表現

そんな殺生な!

① **Have a heart!**
② **Don't be so heartless!**

会話例

A: I'll fire you for bad business results this quarter.
今期の業績不振の責任をとってやめてもらうよ。

B: **Have a heart! / Don't be so heartless!**
そんな殺生な!

無理難題をふきかけられたりしたときなどに、思わず「そんな殺生な!」と言って、相手の慈悲を請うことがある。その文句が ① や ② であるが、① は「そんな殺生な」ことはおっしゃらずに「情けをお示しください」といった感覚で用いられており、② は「殺生」=「無慈悲だ」といった感覚で、「そんな無慈悲になさらないで ⇒ そんな殺生なことはしないで」といった関係になっている。

② の場合、heartless の代わりに、coldhearted（薄情な、冷淡な）や pitiless（無情な、容赦しない）を用いてもよい。そして、② には、同じく否定の命令文形式をとる ③ のような表現もある。

③ **Don't say such harsh/cruel things!**

③ の harsh は「きつい、厳しい」、cruel は「残酷な」の意味で、それぞれ「そんなきつい［残酷な］こと言わないで ⇒ そんな殺生な（こと、言わないで）」といった関係が成り立つ。

ところで、② の heartless は、④ のような形で用いても、「そんな殺生な!」の意味を表せる。

④ **It's heartless of you.**

しかし、④は少し改まった感じがする。これとは逆に、⑤はきわめて品が悪い言い方。

⑤ **Don't be such an asshole!**

⑤のassholeはアメリカ英語の卑語で「けつの穴、いやなやつ」の意味。そこで、⑤は「そんな殺生な！」の意味で、「そんないやなこと、言わないでよ！」と言っているわけである。ちなみに、assholeはイギリス英語ではarsehole。

参　照　▶勘弁してよ

part 6 | 困惑・怠惰の表現

そこまで言うことないだろう

① **I wouldn't say that.**
② **You shouldn't say that much.**

会話例

A: My wife is beautiful, bright, sexy, and sweet-tempered.
俺の女房ね、美人で、頭が良くて、セクシーで、おまけに気立てがいいんだよね。

B: **I wouldn't say that. / You shouldn't say that much.**
そこまで言うことないだろう。

例えば、相手の言うことが大げさなので、自分だったら「そこまでは言わないだろう」と言う場合もあれば、相手の言うことが過激なので、「そこまで言うことはないんじゃないか」と諭す場合もある。①が前者の場合であり、②が後者の場合である。

①にそうしたニュアンスがあるのは、wouldn't が使われているからで、もし、wouldn't を didn't に代えれば、③のように、単に「そうは言わなかったけど」の意味を表すにすぎない。

③ **I didn't say that.**

こういう say を用いた言い方で、1 語違えば大違い、という例は、

④ **What do you say?**
⑤ **What did you say?**

にも見られる（do と did の違いに注意）。すなわち、④は「君、どう思う？」、「**やあ！**」の意味であり、⑤は「**えっ、なんですって？**」の意味である。

ところで、①と②の「そこまで〜」という日本語表現を含む言い

方としては、ほかに、例えば、「そこまで考えなかったね」とか、「そこまで覚えてないよ」とか、「そこまではまったく正しいんだが」といったようなものが思い浮かぶ。そこで、これらを順に表現すると、⑥〜⑧になる。

⑥ **I didn't think that far ahead.**
⑦ **I don't remember that much.**
⑧ **That much is quite correct.**

⑥では「そこから先は考えなかった ⇒ そこまで考えなかったね」、⑦では「そんなに覚えていない ⇒ そこまで覚えてないよ」といった関係が見られる。一方、⑧の that much は名詞句として扱われ、「そこまでのところ」の意味を表すので、⑧は全体として「そこまでのところはまったく正しい」となるわけである。

part 6 困惑・怠惰の表現

なるようになるさ

1 Whatever will be will be.
2 Let nature take its course.

会話例

A: Will it be all right if we leave it to him alone?
彼にだけまかせて大丈夫かな？

B: Don't worry. **Whatever will be will be.** / **Let nature take its course.**
心配ご無用。なるようになるさ。

　のん気と言うか、楽天的と言うか、それとも諦めの境地と言うのか、ものごとに達観していると言うのか、なにごとにも鷹揚に構えて「なるようになるさ」と決めこむ人がいる。1は文字通り、「物事はすべてなるようになる」、2も文字通り、「自然の成り行きにまかせなさい」といった意味でそれぞれ、「なるようになるさ」と言っているのである。

　この「なるようになるさ」という表現は、1と2以外でもさまざまな言い方で表すことができる。例えば、

3 Things will take their natural course.
4 Things will follow their own destiny.
5 Things will take care of themselves.

　3〜5はいずれも、things（物事）を主語にとる表現であるが、3は「物事はその自然な道をたどるもの ⇒ なるようになる」、4は「物事はそのもの自体の運命に従うもの ⇒ なるようになるのだ」、5は「物事は自ら責任をもつ ⇒ なるようになるのだ」といった感じで用いられている。

次は、目的語に things を置いて、「なるようになるさ」という表現。

⑥ Leave things to their own course.
⑦ Take things as they are.

⑥は「物事はそのもの自体の進む道にまかせろ ⇒ なるようになる」といった感じで、「ほっといたらいい」といったニュアンスを伴う。他方、⑦は文字通り、「物事はありのままに受けとれ ⇒ なるようになるから」と言っており、諦めの感情が含まれる。

では、次の⑧はどうか。

⑧ All will be done in good time.

⑧は「時が来るまで待て ⇒ なるようになるから」といった感じで、成り行きまかせの態度が表出された言い方である。

part 6 | 困惑・怠惰の表現

どっちでもいいよ／なんでもいいよ

① **It's your call.**
② **I'm easy.**

会話例

A: Which would you like for lunch, Chinese or Italian?
昼は中華とイタリアンのどっちがいい？

B: **It's your call. / I'm easy.**
どっちでもいいよ。

「どっちにする？」ときかれて、「どっちでもいいです」と答える場合、①は「あなたが決めてくださって結構です」といったニュアンスであり、②は「あなたに従います、おまかせします」といったニュアンスで用いられている。

①のニュアンスで「どっちでもいい」と言うのなら、③も可能。

③ **You can decide.**

また、②のニュアンスで「どっちでもいい」と言うのなら、④や⑤も可能。

④ **It's up to you.**
⑤ **I'll leave it to you.**

では、次のような「どっちでもいいよ」を表す言い方はどうか。

⑥ **That's fine with me.**
⑦ **No problem here.**

どっちでもいいよ／なんでもいいよ

6と7は、例えば、How about Chinese dishes for tonight?（今晩は、中華でどう？）ときかれて、「なんでもいいよ」と答えるような場合の言い方だが、6は「私はそれで構いません ⇒ なんでもいいです」、7は「こちらとしては問題ありません ⇒ なんでもいいです」といった感じで用いられている。

いずれにしろ、「どっちでもいい」とか「なんでもいい」と言うことは、自分の意見を「ごり押し」しないことであるが、でも、もし、「ごり押し」するようなことがあれば、どう言えばいいか。その場合には、例えば、8のように言えばよい。

8 **He always forces/bulldozes/steamrollers his opinion through.**

8は「彼って、自分の意見をごり押ししてばかり」という意味だが、forceを用いれば、「力づくで無理に押しすすめる」、bulldozeを用いれば、「まるでブルドーザーで押すようにして無理を通す」、steamrollerを用いれば、「道路工事用のスチームローラーで押すようにして無理を通す」といった感じの表現になる。いずれにせよ、無理「押し」することに違いはないのであるから、8の意味は、次の9でも表せる。

9 **He always pushes his opinion too hard.**

part 7
感嘆・驚きの表現

part 7 | 感嘆・驚きの表現

やったあ!

① **It really got to me!**
② **Fantastic!**

会話例

A: The Japanese team won the championship for the first time.
　日本がはじめての優勝だよ。

B: **It really got to me! / Fantastic!**
　やったあ!

なにかに感動した場合や、「でかしたね」と言いたくなるようなことを相手が行なった場合、「やったね!」と叫びたくもなる。① は「それはほんと心の奥底まで届いた、感動ものだよ ⇒ やったね!」という感じ。② は文字通り、「すごい!すばらしい! ⇒ やったね!」という感じ。

② は fantastic 以外の形容詞も可能で、例えば、③ や ④ がそれにあたる。

③ **(That's) great!**
④ **That's amazing/neat!**

④ の neat のほうは、アメリカ英語の用法で「すばらしい! ⇒ やったじゃん!」といったニュアンス。

単に、⑤ のように叫んでも「やったあ!」の意味は表せる。

⑤ **Wow!**

さらに、⑥ のように言っても、「やったね!」、「やったあ!」の意味になる。ただし、アメリカ英語の用法。

やったあ！

6 **Way to go!**

また、目の前にいる相手になら、

7 **Lucky you!**
8 **Good for you!**

などと言ってあげても「よかったね！」、「やったね！」の気持ちは表せる。
そして、目の前にいる相手に、9 と 10 は過去形を用いて「よくやったね！」、「やったじゃない！」、「やったあ！」の意味を表している。

9 **You really did it!**
10 **Great, you did it!**

参照　▶よくやったね　▶がんばって！

part 7 | 感嘆・驚きの表現

いつから?

1. **Since when?**
2. **How long?**

[会話例]

A: To tell the truth, I'm on a diet.
実は、ダイエット中なんだ。

B: **Since when? / How long?**
いつから?

例えば、ここに、減量のためジムに通っているんだ、と打ち明けた人がいるとしよう。そう言われて、ふとその相手を見て、「結果はむなしいなあ」と思いつつ、皮肉・驚き・非難のいずれかの気持ちを込めて「いつからなんだ?」ときく言い方が 1 である。それに対して、2 にはそういう気持ちはなく、純粋に「どれぐらいの間? ⇒ いつから?」ときいている。

「いつから?」といっても、when を用いる場合もある。

3. **How long** have you been in Canada?
4. **When** does the spring semester start?

3 は「カナダにはいつからお住まいですか?」、4 は「春学期はいつからですか?」ときいている。

さて、次の 5 は「いつから」ではなく「いつからともなく」の意味を表す。

5. Swallows have been making their nests under our eaves **since we don't know when.**

⑤は「うちの軒下にいつからともなくツバメが巣を作っている」という意味。

また、次の⑥と⑦では、「いつから」ではなく「いつか」の意味を表す言い方が用いられている。

⑥ Let's have lunch **another time.**
⑦ Let's have lunch **some other time.**

⑥と⑦はいずれも、「いつか昼飯でも食おう」と言っているが、同じく「いつか」と言っても、⑥ではその「いつか」の「時」が暗黙の了解事項とされているのに対して、⑦ではその「いつか」の「時」は不明である。

part 7 | 感嘆・驚きの表現

まさか!

① **You're joking!**
② **You're kidding!**

会話例

A: I won ten million yen in the public lottery.
　宝くじ、1千万、当たったよ。

B: **You're joking. / You're kidding.**
　まさか！

相手の言ったことに驚きや疑念などをぶつける言い方が「まさか！」である。その場合、①は主にイギリス英語で用いられ、「驚き・不信」や軽い「軽蔑」の気持ちを含む。他方、②は主にアメリカ英語で用いられ、比較的穏やかな調子の言い方である。

なにせ、「まさか！」に相当する表現が多種多様であることには驚かされる。次に、いくつか並べてみよう。

③ **You don't say (so)!**
④ **No kidding!**
⑤ **Oh, you must be joking!**
⑥ **No!**
⑦ **Never!**
⑧ **Not really!**
⑨ **That's impossible!**
⑩ **I don't believe it!**
⑪ **You don't mean that, do you?**
⑫ **Says you!**
⑬ **I wonder if you're not mistaken?**
⑭ **That's wonderful!**

まさか！

15 Sounds fishy to me.
16 You're pulling my leg.
17 Really! I find that hard to believe.
18 Don't give me that.
19 You're putting me on!
20 Are you kidding?
21 Get off it!
22 Come off it!
23 Get out (of here)!
24 Get out of town!
25 You're teasing me.
26 You can't be serious.
27 How could that be?
28 No way.
29 Says who!

これらの表現を実際の会話の場面で用いるときには、音調がポイントになる。つまり、文尾を下降調で言うのか、上昇調で言うのかといったような点である。例えば、3 の You don't say (so)! にしても「まさか！」の意味では下降調で言わなければならないが、もし、上昇調で言えば、「ほんと？」(疑問)、「ほー」(驚き)、「へー」(軽い皮肉)などの意味になる。また、4 の No kidding! にしても、「まさか！」の意味では上昇調で言わなければならないが、もし、下降調で言えば、「冗談なんかじゃないよ！」の意味になる。

さらに、8 の Not really! になると、「まさか！」の意味では下降調だが、「いや、それほどではないんだ！」の意味では上昇調になる。

こうした音調だけではない。それぞれの表現のニュアンスにも注意する必要がある。例えば、15 の Sounds fishy to me. は「『まさか！』と思わせられるほど疑わしい」といったニュアンス。16 の You're pulling my leg. は「『まさか！』とは思うが、俺をだましてるだろう」と相手に鎌を掛けたような言い方から、「まさか！」の意味になって

part 7 ｜ 感嘆・驚きの表現

いる。また、⑱は「『まさか！』と思われるような言い訳をするな」、⑲は「俺をからかってるだろう ⇒ うそだろ」、㉑と㉒は「ばかなこと［うそ］を言うな ⇒『まさか！』に決まってるじゃん」、㉔は「うそを言いやがって ⇒ とっとと町から消えうせろ！」といった感じで、それぞれ「まさか！」の意味が派生している。

では、㉙の Says who! はどうか。この Says who! は「だれが言うって？『まさか！』そんなことはありえないだろう」といった一種の修辞疑問文である Who says? から来たもの。

以上、音調や意味合いについて若干触れたが、ここで、少し古くさい言い方の「まさか！」も見ておこう。

㉚ **Well, I never.**
㉛ **My eye!**

㉚の Well, I never. は Well, I've never heard anything like that before. から来ており、「『まさか！』うそでしょ、そんな話いままできいたことがない」といったニュアンスで用いられており、主に女性が使う言い方。他方、㉛は「『まさか！』私がこの目で見たことが信じられない」といったニュアンスで用いられている。

参照 ▶こいつぁ驚いたねえ！
▶そんなことないです／それほどでもありません
▶ちゃんちゃらおかしいよ

最悪！

1 **Don't ask!**
2 **Couldn't be worse!**

会話例

A: How's everything?
　景気、どう？

B: **Don't ask! / Couldn't be worse!**
　最悪！

若い女の子に機嫌を損ねられたり、失笑を買ったりすると、それって「サイテー！」とか、それ「サイアク！」と言われたりすることがあるが、そのような文句は、普通は ③ ④ のような言い方で事足りる。

3 **That's disgusting!**
4 **How awful!**

③ は「それって、むかつくよね！」、④ は「ひどいよ！」といった感じ。

しかし、① と ② はそのような場合に用いられるのではなく、例えば、会話例に見られるように、「景気、どう？」ときかれて、「最悪だよ！」と答えるような場合の言い方である。その場合、① は「きかないでよ ⇒ 最悪なんだから」、② は「これ以上悪い状態はありえないな ⇒ 最悪だ」といったニュアンスで用いられている。

こうした ① や ② のような「最悪！」は、次の ⑤～⑦ でも表せる。

5 **Things are the pits!**
6 **Pretty lousy!**
7 **This is a nightmare!**

5 の pit という語は普通、「穴」とか「自動車修理用のピット」、「車のレースのときのピット」、「オーケストラボックス」、「地獄の底」などの意味を表すが、くだけた言い方では be the pits で「最悪である」、「最低である」ことを表す。そして、この 5 は、8 のように簡略化して表現することも可能である。

8 **The pits!**

6 の lousy は「ひどい」の意味の形容詞なので、pretty lousy で文字通り、「かなりひどい ⇒ 最悪だ」となる。7 は「これは悪夢だ ⇒ ありえないことだ ⇒ 最悪」ということになる。

さて、3 や 4 のような場合は、なにか不愉快なことに出くわしたときに、「最悪！」と言うようなケースだと述べたが、同様のケースで「それって、超最悪！」と言うのならどう表現すればいいか。そのような場合には、9 や 10 を用いればいい。

9 **That (really) sucks.**
10 **That's a bummer.**

9 の suck は「ひどく不愉快になる」、「ひどい」ことを表す動詞。10 の bummer は「不愉快な経験」を表す名詞。
ちなみに、bummer には「がっかりすること」の意味もあるので、11 は**「なんてこった！」**、**「がっかりだ！」**の意味を表す。

11 **What a bummer!**

ところで、3、4、9、10 とは異なり、疑問文形式でも「最悪！」の意味は表せる。

12 **How do you like that?**
13 **What's next?**

最悪！

⑫は「それってどう？」という意味だが、修辞疑問文の一種なので「どうもこうもないよ、最悪だよ！」と言っているのである。他方、⑬は文字通りには「次にはなにが？」の意味だが、これも修辞疑問文の一種なので、「なにもない、最悪だよ！」といった意味関係が成り立っている。そこで、会話例を１つ。

They said it might take a week to repair the air conditioner.
— Oh, God! **How do you like that? / What's next?**
エアコンの修理、１週間もかかるんだって。──なんてこった！ 最悪じゃん！

part 7 | 感嘆・驚きの表現

大きくなったねえ!

① Have you grown!
② Haven't you grown!

会話例

A: I haven't seen you for ages, grandma.
　おばあちゃん、久しぶりだね。

B: **Have you grown! / Haven't you grown!**
　あんた、大きくなったねえ!

　例えば、久しぶりに孫に出会ったおばあさんが、その孫に向かって「大きくなったねえ!」と感嘆するようなときの言い方が①と②である。その場合、②には、①とは異なり、感嘆した内容について相手に同意を求める響きがあるので、②のように感嘆されたら、例えば、「うん、でかくなっただろう」(Oh, yes, I've grown.)とでも言ってあげなければならない。なぜなら、本来、否定疑問文は相手にYesの答を期待して用いられるものなので、これが否定疑問文形式の感嘆文になっても相手の同意を求めることになるからである。

　こういう違いがあるからこそ、例えば、Are you hungry?(お腹、すいてるか?)ときかれて、「すいてるのすいてないのって、腹ぺこだよ」と答える場合、③のように言う。

③ Boy, am I hungry!

　つまり、腹がすいているかいないかは、本人にしかわからない事柄で、相手に同意を求めるわけではないので、Boy, aren't I hungry! などとは言えないのである。ちなみに、この③のboyは、ah、lord、wowなどと同様、間投詞と呼ばれるもの。

　では、「ああ、腹へった!」と普通の形の感嘆文を用いて表現する

大きくなったねえ！

とすれば、どうなるか。その場合は、4 を用いればよい。

4 **How hungry I am!**

しかし、これに間投詞を添えて、Boy, how hungry I am! などとは言えない。つまり、普通の形の感嘆文には間投詞は添えられないが、1 や 3 の肯定疑問文形式や 2 の否定疑問文形式の感嘆文には場合によって、それが添えられるということである。

part 7 | 感嘆・驚きの表現

こいつぁ驚いたねえ!

1 **What a surprise!**
2 **What do you know!**

会話例

A: I'm a professor at ABC University.
　俺、ABC 大学の教授なんだ。

B: **What a surprise! / What do you know!**
　こいつぁ驚いたねえ!

　われわれは意外なことに直面すると、「こいつぁ驚いたねえ」などと、ついつい叫びたくなるものだ。その叫びを表すのが 1 と 2 であるが、1 以上に 2 のほうが口語的。そして、1 のほうは 3 のようにも言える。

3 **How surprising!**

　他方、2 には「こいつぁ驚いたねえ!」や「へえ、そうなんだ!」以外にも、「すばらしいじゃないか!」、「最近、どう?」、「君はなにもわかっちゃいないね!」の意味がある。ちなみに、2 の!を?に代えて、

4 **What do you know?**

とすれば、「君がなにを知ってるって言うの? ⇒ なにも知らないくせに ⇒ **君には言われたくないよ**」といった意味関係が成り立つ。
　さて、上で「意外なことに直面すると」と言ったが、意外なこととひと口に言っても、うれしい意外性もあれば、強い衝撃を受けるくらいの意外性もある。そこで、まず、うれしい意外性から。例えば、「あ

のう、もしかして、広瀬君？」(Well, if it isn't Mr. Hirose!) と昔の彼女から思いがけず声をかけられたような場合は、きっとうれしい驚きであるに違いないので、「やあ、田中さん！」(Hi, Ms. Tanaka!) と返答してから間をおかずに「こいつぁ驚いたねえ！」と言ったとすれば、5 が用いられる。

5 **What a pleasant surprise!**

次に、例えば、片思いの彼女から「結婚するの」(I'm going to get married.) と打ち明けられたときの衝撃といったら、相当なものであろうから、そういうときの「こいつぁ驚いたねえ！」は、6 のような言い方になる。この場合の damned は「びっくりした、驚いた」の意味の形容詞である。

6 **Well, I'll be damned.**

このほか、意外性には、「信じられないくらいの意外性」(7) や、「冗談と思わせられるくらいの意外性」(8)、さらに、「考えも及ばないくらいの意外性」(9、10)、「見かけとは違う意外性」(11) もあり、こういう意外性に直面すると、それぞれ「こいつぁ驚いたねえ！」と叫びたくなる。

7 **I can't believe it.**
8 **You're kidding.**
9 **I would have never guessed!**
10 **Who would have thought!**
11 **Appearances are deceiving.**

参照 ▶まさか！

part 8
謙遜・遠慮の表現

part 8 | 謙遜・遠慮の表現

お構いなく

① **Don't bother.**
② **Don't mind me.**

会話例

A: I'm sorry you're too busy even to read the newspaper.
忙しくて新聞も読めないなんて、大変だね。

B: **Don't bother. / Don't mind me.**
お構いなく。

「お構いなく」という日本語表現には2通りの意味がある。その1つが、相手のことを思いやって「お気にされなくていいですよ」と言う場合であり、もう1つが、自らの不快感をあらわにして「私のことはほっておいてください」と言う場合である。この前者のような「思いやり」を示すのが①であり、後者のような「不快感」を示すのが②である。

もし、①に me を補って③のようにし、②の me を、例えば、him に代えて④のようにすると、先ほどの「思いやり」と「不快感」は逆転する。

③ **Don't bother me.**
④ **Don't mind him.**

すなわち、③は「私のことは構わんでくれ」と不快感を表すのに対して、④は「彼のことは気にしなさんな」と相手への思いやりを表している。

ここですぐに気づくように、①の bother は自動詞で「心配する」、③の bother は他動詞で「悩ませる」の意味。②と④の mind は他動詞で「気にする」の意味。そこで、このうち、bother にかかわる

表現を、次に見ておこう。

⑤ **Don't bother yourself about such a thing.**
⑥ **Don't bother your head about such a thing.**
⑦ **I'm sorry to bother you.**
⑧ **Can I bother you?** I have a question.

⑤と⑥は「そんなことでくよくよしなさんな」、⑦は「ご迷惑をおかけしてすみません」、⑧は「すみませんが、おたずねしてよろしいですか」といった意味を表す。

part 8 | 謙遜・遠慮の表現

お先に

1 **I'm off.**
2 **Catch you later.**

会話例

A: I'll do two hours' overtime.
　2時間残業するよ。

B: Don't push yourself hard. **I'm off.** / **Catch you later.**
　根を詰めすぎるなよ。お先に。

「お先に」という日本語表現は、「お先にどうぞ」(Go ahead, please.) と相手に一歩譲る場合や、「お先に失礼」と自らが別れ際に言う場合に用いられるが、1 と 2 はもちろん、後者の場合である。その場合、1 は「俺は去る ⇒ お先に」、2 は「じゃあ、後で ⇒ お先に」といった感じで用いられている。

1 と同様、3 も「俺はここから出て行く ⇒ お先に」といった感じ。

3 **I'm out of here.**

3 はなまると、I'm outta here. となる。なまるということであるならば、4 も同様。

4 **Gotta run now.**

4 の gotta は、have got to ⇒ got to ⇒ gotta となったもので、4 は「これから走らなければならない ⇒ お先に」といった感じで用いられている。

もちろん、「お先に」は 1 〜 4 のような言い方でなくてもよい。例えば、会社の同僚にさりげなく「お先に」と言うのであれば、5 や 6 で十分だ。

⑤ **Good night.**
⑥ **Good-bye.**

ただし、会社で上司とかには、もう少していねいな⑦のような言い方を用いたほうがいいかもしれない。「お先に失礼します」といった感じ。

⑦ **I'm sorry, but I must be going/leaving now.**

これも程度問題で、上司と親しい関係にあったり、気が置けない間柄であれば、やはり⑤や⑥で十分だ。
ちなみに、女性同士で一歩譲る場合の「お先に」という言い方に⑧がある。

⑧ **Age before beauty.**

⑧は「美人より年寄りが先 ⇒ お先に」といった感じで、実際には、例えば、次のように用いられる。

Please go first. — **Age before beauty.**
どうぞお先に。——ではお先に失礼。

つまり、⑧は、年長者が言うときにも、また、そうでない人がやや冗談めかして言うときにも用いられる。

part 8　謙遜・遠慮の表現

なんだか照れるなあ

1 **I feel sort of diffident.**
2 **I feel sort of embarrassed.**

会話例

A: I hear you're good at speaking English.
　　君って、英会話が得意なんだって。

B: **I feel sort of diffident. / I feel sort of embarrassed.**
　　なんだか照れるなあ。

世の中には「照れ屋」と称される人がいる。しかし、その中身はいろいろで、自分の能力や適性に自信がなく気恥ずかしいという場合もあれば、きまりが悪いとか、ばつが悪い、あるいは、当惑して「照れる」という場合もある。1 は前者の場合であり、2 は後者の場合である。2 の場合、3 のようにも表現できる。

3 **You're embarrassing me.**

1 や 2 の diffident や embarrassed の代わりに、例えば、shy（引っ込み思案で、恥かしがりやである）、bashful（はにかみやである）などを用いてもよい。とくに女性や子供で「照れ屋」の人には、この bashful が使われる。

さて、「照れるなあ」と言うのであれば、4 や 5 も可能である。

4 **I feel ill at ease.**
5 **I feel awkward.**

4 は「人前に出ると落ち着かなくなって、照れる」といったニュアンス。他方、5 もそうで「人前に出ると落ち着かなくなる」のだ

が、「どぎまぎしたり、気まずくなったりして、照れる」といったニュアンスが出ている。

こういう「照れ屋」の人は、「照れ笑い」を浮かべることがある。その状況を表すのが、6と7である。

6 He had an embarrassed smile.
7 He had a bashful smile.

6と7は「彼は照れ笑いを浮かべた」の意味を表すが、こういう表現は日本人にはあてはまるかもしれないが、英米人は照れ隠しに笑うということはあまりないので注意しよう。しかし、8のように「照れ隠しに彼のことをしゃべった」というようなことは英米でもありうる。

8 To hide my confusion, I talked about him.

ここでは、confusion（困惑、狼狽）という語が使われている。

part 8　謙遜・遠慮の表現

どういたしまして

1 **It's nothing.**
2 **Don't mention it.**

会話例

A: Thanks a lot for the beautiful bouquet you sent me.
　きれいなお花を送っていただいてありがとうございました。

B: **It's nothing. / Don't mention it.**
　どういたしまして。

相手から「ありがとう」と感謝された場合に、「どういたしまして」と答える言い方が 1 と 2 である。1 には「そんなこと大したことじゃありません」といったニュアンスが、2 には「お礼にはおよびませんよ」といったニュアンスが伴う。ちなみに、1 の It を、次のように That に代えると、「**そんなの、大したことないさ**」の意味になる。

3 **That's nothing.**

さて、1 と 2 以外の言い方としては、例えば、次のようなものがある。

4 **OK.**
5 **Sure.**
6 **No problem.**
7 **You're welcome.**
8 **Not at all.**
9 **It's a pleasure.**
10 **My pleasure.**

11 **Anytime.**

④〜⑥はくだけた言い方。⑦は主にアメリカ英語の用法で、⑧や上の②は主にイギリス英語の用法。⑨と⑩は「こちらこそ楽しい思いをさせていただいて」、⑪は「いつでもどうぞ」といった感じである。

ところで、「どういたしまして」という表現は、いつも相手からの感謝に応じる表現であるとはかぎらない。相手からの謝罪に対して、「どういたしまして」と応じることもある。その文句を表すのが、⑫や⑬である。

12 **That's all right.**
13 **Never mind.**

⑫は「大丈夫ですから」、⑬は「気になさらないで」といった感じ。

参照 ▶もちろんだよ／いいとも
　　　▶そんなことないです／それほどでもありません

part 8 　謙遜・遠慮の表現

そんなことないです／
それほどでもありません

① **Not really.**
② **Don't say that.**

会話例

A: You're a good cook!
　君、料理うまいね！

B: **Not really. / Don't say that.**
　そんなことないです。

　英米など英語圏で、ほめられたら、遠慮して「とんでもないです」、「そんなことないです」などと応じずに、素直に Thank you. とでも言っておけばよい、と教えられたりする。しかし、それも場合によりけりで、ほめられても、謙虚に「そんなことないです」と返さなければならないこともある。それが ① と ② であり、① は「ほんとはそうではないんです ⇒ そんなことないです」、② は「そんなことおっしゃらないでください ⇒ そんなことないですから」といったニュアンスで用いられている。

　① は謙遜の意味で使われるだけでなく、やんわり否定して「そうでもないですよ」とか「あんまりね」といった意味で用いられることもある。例えば、

Are you hungry?—**Not really.**
お腹、すいた？——あんまり。

　さらに、① には、なにかに驚いたときに、really の部分を上昇調で言って、「まさか」の意味を表す用法もある。
　他方、② も謙遜の意味で使われるだけでなく、「そんなこと言うな ⇒ そんなこと言わないの」といった感じで、なげやりな言い方をし

ている人に対する、諭しの言葉として用いられることがある。例えば、

My writings aren't probably rated highly. — **Don't say that!** You just need to make your own effort.
俺の書いたものなんて、評価されてないんだろうな。──そんなこと言わないの！君は君なりに努力するだけでいいんだから。

さて、もちろん、「それほどでもありません」を表す言い方は、1と2以外にも見られる。

3 **That's not true.**
4 **You're just joking.**

3は「それって、ほんとじゃないです ⇒ そんなことないです」、4は「またまた、ご冗談を ⇒ そんなことないです」といったニュアンスで用いられている。

ちなみに、「謙遜」するのは、相手からほめられたときばかりとはかぎらない。例えば、相手がお礼の言葉を言ってくれたようなときにも、「謙遜」して、そんなこと「大したことじゃございません」、「とんでもございません」と返したりする。そのような場合の「謙遜」の文句は、5や6である。

5 **It's nothing.**
6 **Think nothing of it.**

参照　▶まさか！　▶どういたしまして

part 8 | 謙遜・遠慮の表現

どうぞお召し上がりください

① **Please help yourself.**
② **Please start eating.**

会話例

A: Doesn't this look good!
　ごちそうですねえ！

B: **Please help yourself. / Please start eating.**
　どうぞお召し上がりください。

人に食事をすすめる場合の決まり文句のようになっている①は、とくに立食形式のパーティーなどの席で「遠慮なくお召し上がりください」(Please help yourself freely.) と言ったりするときに用いられることが多い。それに対して、②はすでに各人に食事が配膳されているような席で、「さあ、冷めないうちにどうぞ召し上がってください」(Don't let the food get cold. Go ahead and start eating.) と言ったりするときに用いられることが多い。

では、子供から「これ、食べていい？」(Can I have this?) ときかれたお母さんが「どうぞ」と言う場合はどうか。その場合は、おなじみの③でいい。

③ **Go ahead.**

いずれにせよ、そう言われたら、遠慮せずにいただこう。が、この「**遠慮せずに〜**」を表現するにも、いろいろな言い方がある。例えば、

④ **Don't hesitate to ask me.**
⑤ **Feel free to ask me.**
⑥ **Ask me frankly.**

4〜6はいずれも、「遠慮なくきいてくれ」という意味であるが、4は「躊躇しないできいてくれ」、5は「気軽[自由]にきいてくれ」、6は「率直にきいてくれ」といった意味合いで用いられている。

　では、「車内でのお煙草はご遠慮ください」というような場合の「遠慮」はどうか。その場合は、7や8のように表せばいい。

7 **Kindly refrain from smoking in the car.**
8 **No smoking in the car, please.**

　7と8はいずれも、掲示の表現としてよく見られるものである。

参照　▶もちろんだよ／いいとも

part 8 | 謙遜・遠慮の表現

飲み物はなに？

1 **What will you have?**
2 **What do you drink?**

会話例

A: Dinner is ready.
   What will you have? / What do you drink?
   夕食の用意ができたけど。飲み物はなに？

B: Well, wine, please.
   じゃあ、ワインで。

「なにを飲まれますか？ ビールなどは？」などと相手にきく場合は、普通、ていねいな調子で、

3 **What would you like (to drink)? Beer?**

のように言えばいい。

この3 ほどていねいなきき方ではないが、1 は「飲み物は、なにを？」と相手の意向を伺う言い方になっている。しかし、2 は表面的には1 と同じ意味合いであっても、その本来の意味するところは、「いつもはなにを飲むの？」と、相手の習慣をきいている。

「飲み物はなに？」もある程度、くだけた言い方だが、さらにくだけた感じで「なに、飲む？」と言うのなら、4 が用いられる。

4 **What'll it be?**

4 のようにきかれたら、「とりあえずビール」とでも答えておけばよい。その文句を表すのが、5 である。

5 **We'll start with a round of beer.**

⑤の a round of beer は、その場に居合わせる人全員に行き渡る「ひとわたり分のビール」のこと。
　ちなみに、④は「なに、飲む？」だけではなく、場合によっては「なに、食べる？」の意味にもなる。

part 8 | 謙遜・遠慮の表現

お待ちしていました

1 I've been waiting for you.
2 I've been expecting you.

会話例

A: It took too long a time to come here.
ここに来るのに時間がかかりすぎちゃった。

B: **I've been waiting for you. / I've been expecting you.**
お待ちしていました。

「待つ」相手にもよるが、1 には「ずっと待ってたのに、遅いよ」といったニュアンスが伴うことがあるのに対して、2 には「いまかいまかと胸はずませてお待ちしていました」といったニュアンスが伴う。つまり、1 には相手を非難して失礼な響きを伴うことがあるのに対して、2 には期待感が伴い好ましい響きが感じられる。もっとも、1 も単に「お待ちしていました」の意味のみを表す場合もある。

さて、2 のニュアンスは、3 でも表せる。

3 **I've been looking forward to meeting/seeing you.**

この種の期待感が高まった言い方は、4 によっても表せる。

4 **I can't wait.**

4 は「わくわくして待ちきれません」といった意味。もちろん、4 には単に「待てない」の意味もある。
では、次の 5 と 6 はどうか。

⑤ **What are you waiting for?**
⑥ **What are we waiting for?**

　⑤と⑥とでは、主語が you か we かで異なるだけだが、⑤では「君、なに待ってんだ？ ⇒ なにをぐずぐずしてるんだ ⇒ **ぐずぐずするなよ**」、⑥では「俺たち、なにを待ってんだろう？ ⇒ 待つことなんかないよな ⇒ さっさと次に進もうよ」といった意味関係が成立している。

　ちなみに、①、④、⑤、⑥では wait が用いられているので、次に wait に関する表現を２つ見ておこう。

⑦ **You (just) wait! / Just you wait!**
⑧ **Wait for it!**

　⑦は「**覚えてろよ！**」とか「**いまに見てろよ！**」の意味の脅し文句。また、「待っててくれよな、いまにきっとやってみせるから！」といった期待もたせの表現でもある。

　他方、⑧は「**いいか、よくきけよ！**」とか「**きいて驚くな！**」といった意味で、こちらが言うことに相手の注意を向けさす文句でもあるし、「まあ、待て、きけよ」とか「そうせかずに、きけよ」といった意味で、あせりをとがめる文句でもある。イギリス英語の用法である。

part 9
関心・宣告の表現

part 9 関心・宣告の表現

軽いもんさ／朝飯前だよ／楽勝さ

1 **No sweat.**
2 **Nothing to it.**

会話例

A: Can you finish this job by tomorrow?
この仕事、明日までに終えられる？

B: **No sweat. / Nothing to it.**
軽いもんさ。

アメリカ人は、一般に、汗をかくこと、つまり、努力することを人にひけらかすのはまれだ。というのは、生きていくうえで一生懸命努力するのはあたりまえのことだという考えがあるからである。したがって、1 では「汗などかかないさ」と言って、努力するのはあたりまえで、しんどくなんかない、「軽いもんさ」といった積極的な姿勢が吐露されている。他方、2 は文字通り、「それって、なんでもないさ」、「軽い、軽い」と言っているのである。そして、2 にはまた、There を付けた 3 のような言い方もある。

3 **There's nothing to it.**

こうした、人からなにかを頼まれて、そんなの「軽いもんさ」と答える言い方は、もちろん、1 〜 3 だけではない。例えば、

4 **That's nothing.**
5 **That's an easy job.**
6 **That's a cinch.**
7 **That's a breeze.**
8 **That's child's play.**

軽いもんさ／朝飯前だよ／楽勝さ

⑨ **That's a piece of cake.**
⑩ **That's a snap.**

このうち、⑥、⑦、⑩ の cinch、breeze、snap は主にアメリカ英語のくだけた語で、「容易なこと」を指す。そこで、次のようにも使われる。

The English test was **a cinch/breeze/snap**.

これは「英語の試験なんて、楽勝だよ」の意味。ただ、このうち、cinch には「確実なこと」の意味もあるので、次のようにも用いられる。

They are **a cinch** to win the game.

これは「彼らが試合に勝つのはまちがいないよ」の意味。もちろん、cinch をはじめ、breeze、snap にもここで挙げた意味以外の意味もあることは言うまでもない。
さて、⑨ は少し古くさい言い方だが、⑪ のような形でも用いられる。その場合、⑨ にしろ ⑪ にしろ、「一切れのケーキ」なんて「朝飯前さ」という発想である。

⑪ **Piece of cake!**

さらに、⑨ は、cake の代わりに pie を用いて、⑫ のようにも言える。

⑫ **It's as easy as pie!**

⑫ も「パイ作りはたやすい」という考え方から as easy as pie は「とても簡単である」ことを表す。

part 9 | 関心・宣告の表現

今日はこれまで

1 **That's it for today.**
2 **Let's call it a day.**

会話例

A: We'll be able to finish this soon.
これ、もう少しで仕上がるんですが。

B: **That's it for today. / Let's call it a day.**
今日はこれまで。

物事は最後の締めくくりが大事だ。仕事にしろ、勉強にしろ、何事にもビシッと決めの言葉がいるが、それを表すのが 1 と 2 である。1 は授業の終わりなどに先生が口にする典型的な文句。この場合、it の代わりに all を用いて、次のように言ってもよい。

3 **That's all for today.**

他方、2 は 1 日の仕事を切り上げるときに言う典型的な文句。この仕事を切り上げるときに言う文句は、2 にかぎられるわけではない。例えば、4 や 5 のようにも言える。

4 **Let's leave the task at that.**
5 **So much for the task.**

4 と 5 はいずれも、「仕事はそれくらいにしておこう」という意味。この場合、もし 4 を 6 のようにすれば、「仕事はそのままにしておこう」の意味になってしまう。

6 **Let's leave the task alone.**

今日はこれまで

そして、この 6 は、次の 7 のようにも言える。

7 **Let's leave the task as it is.**

つまり、6 と 7 は仕事の終わりを告げる文句というよりはむしろ、仕事の中断を告げる文句である。

では、次の 8 はどうか。

8 **Let's leave it at that.**

8 は「それくらいにしておこう」という意味だが、「もうそれ以上はなにもしないでおこう」と言っているのか、「もうそれ以上は言わないでおこう」と言っているのかは、場面次第ということになる。

ところで、なにか仕事を成し遂げたとき、「あー、これで終った」と、つい口ずさみたくなるが、その文句を表すのが 9 である。

9 **That's that.**

9 は、例えば、次のような会話例で用いられる。

Well, **that's that.** My report is finished! — Great! Congratulations!
あー、これで終わり。レポート、完成だよ！——すばらしい！ おめでとう！

ちなみに、9 の That's that. には、だれかの願い・申し出などに対して、それを引き受けるときの文句としての用法もあり、その場合には、「(いいよ、) **それで決まりだ**」の意味になる。

part 9 | 関心・宣告の表現

さっさとやろうよ

① **Let's get a move on.**
② **Let's hop to it.**

会話例

A: We still have a lot of work to do.
　まだ、だいぶ仕事が残ってるんだ。

B: **Let's get a move on. / Let's hop to it.**
　さっさとやろうよ。

　何事にものろいやつに対して、しびれをきらせて「さっさとやろうよ」と言う場合、①と②では、どちらかと言えば、①のほうが②よりくだけた言い方である。
　①は、③のようにも言えるが、その場合、④と比べられる。

③ **Let's get moving.**
④ **Let's move.**

　③は確かに、「さっさとやろうよ」の意味だが、④は「引越ししようよ」の意味。
　さて、②のhopは、hop, step, and jump（三段跳び）(hop, skip and jumpとも言う)でおなじみのもの。このhopの動詞用法が②であるが、次の⑤のhopもそれ。

⑤ **Hop it!**

　⑤は「とっとと出て行け！」の意味で、主にイギリス英語のくだけた言い方。
　もちろん、hopには名詞としては、例のビールの原料の1つであ

る「ホップ」の意味もあるし、アメリカ英語の俗語では「アヘン」の意味もある。そして、これが、また、動詞として hop up の形で使われると、人を「興奮させる」の意味や、人に「麻薬を飲ませる」の意味になる。

He was **hopped up** on drugs at that time.

上の文は「やつはあのとき、麻薬で興奮状態だったな」という意味。

part 9 | 関心・宣告の表現

なにしてるの?

1 **What do you do?**
2 **What are you doing?**

会話例

A: I'm very busy.
　忙しくてね。

B: **What do you do? / What are you doing?**
　なにしてるの?

　日本語で「なにしてるの?」と問う場合、「仕事はなんなの?」の意味にも、「いまなにやってんの?」の意味にもとれる。もちろん、1 が前者の場合で、2 が後者の場合であるが、いずれにしても、そういうことをきくということは、人のプライバシーにかかわることなので、あまりやらないほうがいい。

　が、あえてきかなければならないようなときには、1 に関しては、3 や 4 のような問い方が用いられることがある。

3 **Who do you work for?**
4 **Where do you work?**

　いずれも、「お勤め、どちら?」の意味だが、3 では雇用関係に、4 では勤務先に焦点があてられている。そこで、3 と 4 に対してはそれぞれ、例えば、5 か 6 のように答えておけばよい。

5 **I work for JR.**
6 **I work at JR.**

　いずれも、「JR 勤めなんだ」の意味だが、5 は JR の運転士であ

るとか車掌であるとか、とにかく外勤であることが示されているのに対して、⑥はJRの本社や支社のオフィス勤務であることが示されている。つまり、前置詞のforとatの違いということになる。したがって、例えば、「JALのパイロットです」と言う場合、飛行機に搭乗して操縦桿を握るわけだから、外勤とみなして、⑦のように言う。

⑦ **I'm a pilot for JAL.**

ちなみに、「銀行勤めなんだ」と言う場合、特定の銀行ではなく、漠然と「銀行業界に席を置いている」といった意味合なので、前置詞はinを用いて、次のように言う。

⑧ **I work in a bank.**

しかし、具体的に、例えば、「ABC銀行に勤めています」と言うのなら、通例、⑨のように前置詞はatが用いられる。

⑨ **I work at ABC Bank.**

ただし、③のようにWho do you work for? と問われれば、どうしてもforに牽引されて、⑩のように答える場合もありうる。

⑩ **I work for ABC Bank.**

その場合でも、forにすると外勤のニュアンスが濃い。
さて、ここで、②に戻ろう。②で、もしyouの部分をとくに強く言って、⑪のような形で示された文になればどうか。

⑪ **What are YOU doing?**

⑪は「**いったいぜんたい、なにやってんだ?**」の意味で、相手を厳しく叱責する言い方になっている。もちろん、⑪のニュアンスは、例えば、**What do you think you are doing?** でも表せる。

part 9 | 関心・宣告の表現

彼女に電話してたんだ

① **I was calling her.**
② **I called her.**

会話例

A: Did you go out on a date with her yesterday?
きのうは彼女とデートにでも出かけたの？

B: No, I didn't. Yesterday **I was calling her.** / **I called her.**
いや。きのうは、彼女に電話してたんだ。

電話をするといっても、こちらからする場合もあるし、向こうからかかってくる場合もある。②は明らかに、こちらからした場合であるのに対して、①はその点は不明である。つまり、①では、どちらから先に電話をかけたかという点はさほど重要ではないのに対して、②では、主語の「私」が意図的にイニシアティブをとって電話をしたのである。これすなわち、過去進行形と単純過去形の違いということになる。

同様に、次のような例でも、この2つの形のいずれを用いるかによって、ニュアンスの違いが生じている。

③ **This morning he was washing the car.**
④ **This morning he washed the car.**

意味はいずれも、「けさ、彼、洗車してた」ということであるが、③では、さりげない、日常的な行為としての「洗車」が描かれているのに対して、④では、「彼」の意図的な行為としての「洗車」が描かれている。

さて、①にしろ③にしろ、進行形で表されている行為は、ある時間、途切れることのない行為であることが必要である。もし、そ

の行為が途中で途切れたりとか、反復されたりとかするような場合には、進行形は用いられない。そこで、例えば、次の⑤のように「彼になんども話しかけたの」と言う場合や、⑥のように「彼が、その車、全部洗ったんだって」と言う場合、それぞれ、反復行為と途切れ行為であることが明らかなので、過去進行形ではなく、単純過去形が用いられる。

⑤ **I talked to him several times.**
⑥ **He washed all the cars.**

蛇足ながら、⑤が反復行為であることは several times によってわかるが、⑥が途切れ行為であることは、連続してすべての車を洗い上げることなど、常識的に考えて無理な行為であることから推測がつく。

参 照　▶洗車しといたよ

part 9 | 関心・宣告の表現

一生懸命やります

① **I'll do my best.**
② **I'll do everything I can.**

会話例

A: It's hard to convince him.
　　彼、納得させるの、難しいぞ。

B: **I'll do my best. / I'll do everything I can.**
　　一生懸命やります。

　「一生懸命やります」とか「ベストをつくします」と、軽く口で言うのは簡単だが、この日本語表現と、それに相当する英語表現 ① と ② の間には、その受け止められ方に違いがある。つまり、日本語表現の場合、例えば、政治家が選挙運動期間中にそう言っても、それは口先だけのことと受け止める国民は多い。しかし、英語表現の場合、① を口にした以上、話し手は覚悟がいる。なぜなら、聞き手は話し手がなんとかしてくれるものと思い込んでしまうからである。それに対して、② を口にしても、聞き手は話し手が言葉通り中身を保証してくれるなどとは思わない。

　すなわち、① の do one's best という言い方は積極的な響きを有し、言葉の結果まで保証していることになるのに対して、② の do everything one can はそこまでは保証していないのである。

　いずれにせよ、「一生懸命やります」と言っておいて、もし、その言葉通り実行した人がいるなら、次のような言葉を吐くかもしれない。

③ **I've worked like a dog** for the last two years.

　③ は「この2年、一生懸命やったよ」という意味だが、ここでの

work like a dog は「一生懸命働く」の意味の熟語で、どちらかと言えば、男性に好まれる口語的な表現である。dog の代わりに horse を用いてもよい。

次の例では、「一生懸命やる」という意味の knuckle down が用いられている。

④ **Knuckle down to the job.**

④は「その仕事、一生懸命やれ」、「その仕事、本腰入れてやれ」といった意味。

参照 ▶がんばって！

part 9 | 関心・宣告の表現

ここにサインを

1 **You might sign here.**
2 **If you'd sign here.**

会話例

A: All right, I decided to go to Canada next month.
　よし、来月のカナダ行き、決めたよ。

B: Thanks, **you might sign here. / if you'd sign here.**
　それでは、ここにサインを。

　1はさりげなく「ここにサインを」と依頼している。したがって、リラックスした雰囲気で親しい人同士の間で用いるにはなんら問題はないが、改まった場面や初対面の人に対して用いると失礼にあたる。他方、2はお決まりの依頼の仕方で、こう言えば、相手は応じてくれるということが確かな場面、例えば、ホテルや店などで客に向かって言うような場合に用いられる。

　2にはよくjustという副詞が添えられることがあり、そうすることによって、依頼内容はごく簡単なことです、というメッセージが伝えられることになる。

3 **If you'd just fill up this form.**

　3は「この書類にお書きくださりさえすれば結構です」といった意味。
　ところで、1は「ここにサインを」と依頼を表すだけではない。もし、signを次のようにとくに強く言うと、相手を責めるニュアンスになる。

4 **You might SIGN here.**

④ はさしずめ、「君、どうしてここにサインしないんだ？ サインしろよ」といった意味を表す。

この点は、三人称の主語が置かれても同様で、話し手のいらいらした気持ちが表せる。

⑤ **He might SIGN here.**

⑤ は「やつがここにサインしないなんて、困るんだよなあ」といったニュアンス。

さらに、might の後に完了形を置いても、非難・いらだちの気持ちは表せる。

⑥ **You might have SIGNed here.**

⑥ は「ここにサインすべきだったのに、サインしてないが、どういうつもりなんだ？」といったニュアンス。

part 9 　関心・宣告の表現

俺たち、親しい間柄じゃないか

1 **We're good friends.**
2 **We go way back.**

会話例

A: Thanks for having backed up my plan.
　俺のプラン、支持してくれて、ありがたい。

B: OK. **We're good friends. / We go way back.**
　いいんだよ。俺たち、親しい間柄じゃないか。

　1 は単に「親友同士じゃないか」と言っているにすぎないが、2 は「昔からの知り合いじゃないか」といったニュアンスを表す。なお、2 は **We go back a long way.** とも言える。

　この「親しい」という意味では、周知のとおり、intimate という形容詞は用いないほうがいい。というのは、intimate には性的関係を思い起こさせるふしがあるからであり、例えば、I'm intimate with him. などという言い方は、それが事実ならば仕方ないが、普通は避けるべき言い方である。

　そうではなくて「親しい」と言うのなら、1 と 2 以外に、例えば、3 や 4 を用いればよい。

3 **I'm on good/close/friendly/familiar terms with him.**
4 **I'm on a first-name basis with him.**

　3 と 4 はいずれも、「彼とは親しい間柄なんです」という意味。3 では「親しい」の意味のさまざまな形容詞が用いられている。他方、4 は「ファーストネームで呼び合うほど、彼とは親しい間柄なんだ」といったニュアンスを表す、アメリカ英語の用法。イギリス英語ならば、5 のようになるところ。

5 I'm on first name terms with him.

このように「親しい間柄」であるということは、とりもなおさず、「親友」であると言っていることにほかならないので、例えば、次のような言い方も用いられる。

6 He's my best friend.

この場合、「彼、親友なんだ」と言っているが、これを He's one of my best friends. などとは言わないのが普通。なぜなら、通例、「親友」なるものは、そうおおぜいいるとは考えられないからである。もちろん、単に「彼、友人なんだ」と言うのなら、one of ～ を使って、例えば、He's one of my friends. と言える。

part 9 | 関心・宣告の表現

洗車しといたよ

① **I've washed your car.**
② **I washed your car.**

会話例

A: How's my car?
　車の調子、どう?

B: All is OK. Also, **I've washed your car. / I washed your car.**
　すべて OK だよ。ついでに、洗車しといたよ。

　人に代わって車を洗ってやる場合、ピカピカの状態にして渡してやるに越したことはない。①では、その洗車後のきれいな状態が暗示されているのに対して、②では、洗車後、汚れてしまった状態が暗示されている。

　つまり、①では現在完了形で過去に洗車してきれいになった状態がいまも続いていることが示されており、他方、②では単純過去形で過去に洗車したことだけが示されており、いまはどうなっているか明らかでないのである。

　こうした現在完了形と単純過去形が対比される、次のような例ではどうか。

③ **I haven't seen him this afternoon.**
④ **I didn't see him this afternoon.**

　③と④はいずれも、「今日の午後は、彼、見かけなかったね」の意味だが、③は例えば、午後4時頃に言う場合、④は例えば、午後6時頃に言う場合である。なぜか。

　普通、午後の時間帯というのは、1時頃から5時頃までであり、4

時なら「まだ現在彼に会ってない」と現在完了形で言える。が、6時なら、午後の時間帯は終っていることになり、「彼には会わなかった」と単純過去形で過去の事柄として表現される。

ちなみに、「午前」というのはだいたい、午後1時頃までと心得て、次のような例でも現在完了形と単純過去形の使い分けがなされている点に注意しよう。

⑤ **He has called four times this morning.**
⑥ **He called four times this morning.**

⑤と⑥はいずれも、「彼、午前中に4回電話してきたよ」という意味だが、⑤は例えば、11時頃に、⑥は例えば、午後2時頃に言う場合に用いられる。

参照　▶すんだことは仕方ないさ　▶彼女に電話してたんだ

part 9 | 関心・宣告の表現

それ、ぼくがやるよ

① **I'll do it.**
② **I'll be doing it.**

会話例

A: Who will persuade the boss to stop dealing with that company?
例の会社との取引の停止、だれが部長の説得にあたるのさ？

B: **I'll do it. / I'll be doing it.**
それ、ぼくがやるよ。

　自分の意志で積極的に「それ、ぼくがやります」と言うのなら①で、そうではなく、事の成り行きで「ついでですから、それ、ぼくがやります」と言うのなら②である。

　これすなわち、助動詞 will だけが用いられた文と、〈助動詞 will + 進行形＝未来進行形〉が用いられた文との相違である。

　では、次の現在進行形と未来進行形が用いられた例ではどうか。

③ **Are you coming to the party as well?**
④ **Will you be coming to the party as well?**

　③と④はいずれも、「君もパーティーに出るの？」の意味であるが、③では、聞き手または主語の意志がはっきりと問われているのに対して、④では、事の成り行きでそうする可能性があるのかどうかが問われている。したがって、④には相手への押し付けがましさが感じられず、③よりはていねいな響きを伴う。

　いずれにせよ、③と④では、一応、この文を発する話し手がパーティーに出席することが前提で、相手の都合をきいているが、もし、話し手自身も出席するかどうか迷っていて「君、パーティーに出る？」

ときくのなら、⑤や⑥を用いなければならない。

⑤ **Are you going to the party?**
⑥ **Will you be going to the party?**

つまり、③と④のcomeを、⑤と⑥ではgoにしなければならないということである。そして、ここでも、⑤より⑥のほうがていねいなきき方ということになる。

では、次の⑦はどうか。

⑦ **Will you go to the party?**

⑦のていねいさの度合は、⑤と⑥の中間くらいである。

part 9 　関心・宣告の表現

急いでください／ぐずぐずするな

1 **Please hurry.**
2 **I'm in a hurry, please.**

会話例

A: Driver, **please hurry. / I'm in a hurry, please.**
　運転手さん、急いでください。
B: Sure. But as you see, we're caught in a traffic jam.
　わかりました。でも、ご覧のとおりの渋滞で。

　普通に「急いでください」と言うのなら、1 で十分であるが、切迫していたり、緊迫していたり、さらには、焦燥感を前面に出したりして、そう言うのなら、2 が用いられる。
　この 2 の please を削除した形の 3 は、単に「急いでいます」と言っているにすぎない。

3 **I'm in a hurry.**

　他方、1 に up を付加した形の 4 は、いま以上に「もっと急いでください」といったニュアンスで用いられる。

4 **Please hurry up.**

　ところで、「急いでください」と言う場合、車に乗っているようなときなら、「もっとスピードを上げて」ということになるので、5 〜 7 のような言い方も可能になる。

5 **Step on it!**
6 **Step on the gas!**

急いでください／ぐずぐずするな

7 **Get a move on!**

5 と 6 は「アクセルを踏んで！ ⇒ 急いで！」といった感じ、7 は熟語で「急いで！」の意味。

さて、「急いでください」と言う場合、「この仕事、大至急で」といったニュアンスで用いられることもある。そのときは、8 や 9 のように言えばよい。

8 **This is a rush.**
9 **I need this done ASAP.**
10 **I need this done in a hurry.**

8 は「これ、切迫している ⇒ 急いで」といった意味合い、9 は「これ、できるだけ早くやって ⇒ 急いで」の意味で、ASAP は as soon as possible のこと。10 は文字通り、「これ、急いでやってほしい」と言っている。

なお、8 の rush は名詞だが、形容詞としての用法もあり、11 のように言えば、「これ、大至急、たのむね」の意味になる。

11 **I got a rush job for you.**

11 での a rush job は「急ぎの仕事」のこと。

ところで、「急いで」とは「ぐずぐずするな」ということでもあり、それにぴったりの表現が 12 である。

12 **We/I don't have all day.**

12 は「俺(たち)にはまる1日ないんだ ⇒ ぐずぐずするな」といった感じ。

このようにずばり、「ぐずぐずするな」と言ってもいいが、少し遠回しに「なに、ぐずぐずしてんだ？急げよ！」といったニュアンスで用いられるのが 13 である。

part 9 | 関心・宣告の表現

⑬ What's keeping you?

そこで、⑬の会話例を1つ。

Are you ready? — Not yet, just a moment, please. — **What's keeping you?**
用意できた？ ——まだ、ちょっとだけ待って。——なに、ぐずぐずしてんだよ。

part 10
同情・慰めの表現

part 10 | 同情・慰めの表現

それは気の毒に

1 **That's too bad.**
2 **That's tough.**

会話例

A: My wife is in hospital.
　家内、入院中なんだ。

B: **That's too bad. / That's tough.**
　それは気の毒に。

　人の不幸な話をきいて、「そいつぁ、気の毒に」と言う場合でも、ある程度、心を込めて言っているのか、それほど心の込もった言い方ではないのか、そのあたりで違いが生じる。1 は前者であり、2 は後者である。

　1 の代わりには、3 と 4 が使える。

3 **I'm sorry to hear that.**
4 **What a pity/shame!**

　3 は「おかわいそうに！」、4 は「なんてお気の毒なの！」といったニュアンス。

　他方、2 の代わりには、5 と 6 が使える。

5 **Tough/Hard luck!**
6 **Hard lines!**

　5 と 6 はいずれも、「そいつぁ、困ったことだねえ！」といったニュアンスであるが、6 はもっぱらイギリス英語の言い方。ちなみに、5 の Tough luck! の応用形のような 7 は、「**今日はついてない**

よ！」の意味。

[7] **Tough luck today!**

さて、人から不幸な話をきいたときに、[8]のように応答するのは同情のかけらも感じられないので、注意。

[8] **Tough!**

[8]は「そりゃあ、あいにくだな！」といったニュアンスで、冷たい響きが伴う。

part 10 | 同情・慰めの表現

気にしないで

1 **Never mind.**
2 **Think nothing of it.**

会話例

A: It pains my conscience if you help so much as that.
　君にそこまで手伝ってもらって、心苦しいよ。

B: **Never mind. / Think nothing of it.**
　気にしないで。

なにか失敗をしでかしたときには、素直に謝るのが一番だ。「ごめんなさい」（I'm sorry.）と言えば、多分相手は、「いいよ、気にしないで」などと答えてくれるだろう。その答えを表すのが1である。そして、1のような場合に用いられる言い方としては、ほかに、次の3〜8がある。

3 **That's OK.**
4 **No problem.**
5 **Forget it.**
6 **That's quite all right.**
7 **Don't worry about it.**
8 **It's nothing to lose sleep over.**

3は「そのことはいいから、気にしないで」、4は「全然問題ないから、気にしないで」、5は「そんなことは忘れていいから、気にしないで」といったニュアンス。6はかなりていねいな言い方で、「お気になさらないでください」といった感じ。7はおなじみの言い方で、「そのことは心配しなくていい、気にしなくていい」といった意味合い。問題は8であるが、これは lose sleep over 〜（〜をすご

く心配する）という熟語を用いて、「心配しすぎるなんて無駄なんだから、気になんかするな」といったニュアンスで用いられている。

　要するに、1〜8は、主におわびに対する応答文句として用いられるということである。

　他方、こちらのしてあげたことに対して、相手が恐縮して「ほんとにありがとうございました」（Thank you very much indeed.）と言うようなときにも、「気にしないで」と答えることがあるが、その答えを表すのが2である。つまり、2は、主に相手からの感謝の言葉に対して、「どういたしまして」、「お気遣いなく」、「とんでもない」、「こちらこそ」、「お互いさまです」などの意味で用いられる。要するに、2は「そのことはもういいですから、気にしないで」といったニュアンスを表す。

　ところで、「気にしないで」という文句は、上に挙げた場合以外にも用いられる。例えば、けんかの後、勝った側から「悪く思うなよ」と言われて、負けた側が「気にしなくていい」と答えるような場合である。その場合は、9のような言い方が用いられる。

9 **No hard feelings.**

　9は「平気だから、気にしないで」といったニュアンスを表している。

　さらに、例えば、こちらの言ったことが相手にはききとれず、「なんて言ったの？」（What did you say?）と問い返された人が、めんどくさくなって「もういいよ、気にしないで」などと言う場合もある。そのときの「気にしないで」は1でいい。

参　照　▶無理だよ

part 10 | 同情・慰めの表現

どうしたの？

1 **What's the matter?**
2 **What's the matter with you?**

会話例

A: I feel sort of sad today.
　今日はなんだかかなしいわ。

B: **What's the matter? / What's the matter with you?**
　どうしたの？

　両者とも相手の身を案じる際に用いられるおなじみの言い方であるが、1 より 2 のほうがあたりがきつい。その理由は、2 の you をとくに強く言うと、例えば、猫の手も借りたいくらいに忙しいときに「君、なに言ってんだよ」と、相手の身を案じるどころか、非難することになるからである。

　同様に、もし、2 の文尾に today を置いて、3 のように today をとくに強く言えば、「君、今日はどうかしてんじゃないの」と相手への非難を、これまた強く表すことになる。

3 **What's the matter with you TODAY?**

　他方、普通にきく 1 のような言い方は、4 や 5 のような形でも表せる。

4 **Is anything wrong?**
5 **Is anything the matter?**

　この 5 を 6 のような形にすると、控え目で目上の人に用いてもよい、ていねいなたずね方になる。

どうしたの？

6 Is there anything the matter with you?

6 はさしずめ、「どうなさいましたか？」といったニュアンス。したがって、医者が患者に具合をきくときの決まり文句のようなものでもある。もちろん、この場合、7 や 8 を用いても、だいたい同じようなニュアンスを表せる。

7 What seems to be the problem/trouble?
8 What can I do for you?

さらに、「どうしたの？」ときく言い方には、9 や 10 のようなものもある。

9 What gives?
10 What's with you?

9 は驚いて「どうしたんだよ？」ときく言い方で、ドイツ語の was gibt's?（何が起こったの？）から来ている。10 は「君、なにが？ ⇒ どうしたのさ？」といった感じ。そこで、1つ会話例を見ておこう。

I've something important to tell you. — **What gives? / What's with you?**
大事な話があるんだ。——どうしたの？

参照 ▶世の中、そんなもんさ／人生、そんなもんさ

part 10 | 同情・慰めの表現

1人で行けるの?

① **Can you go there alone?**
② **Can you get there alone?**

会話例

A: I want to go to Paris.
パリに行きたいんだ。

B: Do as you like, but **can you go there alone? / can you get there alone?**
それは勝手だけど、1人で行けるの？

---

①は単に「1人で行けるかどうか」を問う疑問文であるのに対して、②はそこに1人で行くことが困難であることがわかっているので、果たして「そこに1人で行けるのかな？」と疑問を投げかけている。

つまり、get には go とは異なり、この場合、なんらかの困難が想定され、努力の必要性があることが示されている。

そこで、次のような例でも、表面的には「それ、どうやって手に入れたらいい？」という意味が表されているが、③と④とではニュアンスが異なる。take と get の違いに注意。

③ **How can I take it?**
④ **How can I get it?**

つまり、③では、それを手に入れるのにそれほどの困難は伴わないことが想定されているのに対して、④では困難を伴うことが前提としてあり、「どうやって、手に入れろというのさ？ ⇒ そんなの無理だよ」といったニュアンスになっている。すなわち、④は修辞疑問文の役目を果たしている。

1人で行けるの？

同様に、⑤と⑥では、make と get の使い分けに注意しよう。

⑤ I'll make a reservation.
⑥ I'll get a reservation.

⑤と⑥はいずれも「ぼくが予約をとろう」と言っているが、⑤は例えば、難なく電話1本ですむだろう、といったニュアンスで用いられるのに対して、⑥は、すんなりとはいかないかもしれないが、努めてとるようにしよう、といったニュアンスで用いられる。

これが、もし、⑦のように have を用いれば、「当然、ぼくが予約をとります」といったニュアンスになる。

⑦ I'll have a reservation.

part 10 | 同情・慰めの表現

世の中、そんなもんさ／人生、そんなもんさ

① **Such is reality.**
② **That's the world for you.**

会話例

A: I lost my job just as we got engaged.
　婚約したとたん、失業さ。
B: **Such is reality. / That's the world for you.**
　世の中、そんなもんさ。

　人を慰めているのか、諦めさせているのか、よくわからないが、なんとなく冷たい響きを伴う文句が ① と ② である。その場合、① は「それが現実というものだよ」といった感じ、② は「それが世間というものだよ」といった感じで用いられている。

　② では、見てのとおり、for you が添えられており、「それが君にとっての世間というものだ ⇒ ねえ、わかるだろ」というように注意を喚起する、感情を込めた言い方になっている。

　ところで、「世の中、そんなもんさ」と割り切る言い方は、① と ② だけではない。例えば、次のような言い方も可能である。

③ **It's the way the world is.**

　③ は「それが世間のありさまだ」の意味から、「世の中、そんなものさ」を表している。

　さらに、「世の中、そんなものさ」とは「世の中、そんなにあまくないぞ」の意味ととるなら、④ や ⑤ のように言ってもよい。

④ **It's not that easy.**
⑤ **Things aren't so simple.**

4 の it は、状況を漠然と指す it で、that は so のこと。そこで、4 は「世の中、そんなに楽じゃないよ ⇒ 世の中、そんなもんさ」となる。他方、5 の things も「状況」を指すので、「世の中、そんなに単純じゃないよ ⇒ 世の中、そんなもんさ」となる。

また、「人生って、そんなもんだよ」、だから「**しょうがないさ**」といったニュアンスでなら、6 〜 10 を用いてもよい。

6 **Such is life!**
7 **That's show/business.**
8 **That's the way it goes.**
9 **That's the way the ball bounces.**
10 **That's the way cookie crumbles.**

6 は文字通り、「それが人生さ！」の意味。7 はやや古くさい、俗語めいた言い方。8 は「それが人生の行き着くところなんだ」、9 は「それがボールのはじけ方さ」、10 は「それがクッキーのくずれ方さ」とそれぞれ言っておいて、だから「しょうがないんだ」ともってくる言い方である。

参照　▶どうしたの？　▶仕方ないよ

主な参考文献

辞典類
井上永幸＆赤野一郎（編）『ウィズダム英和辞典第2版』（三省堂）
小西友七（編集主幹）『グランドセンチュリー和英辞典』（三省堂）
小西友七＆南出康世（編集主幹）『ジーニアス英和辞典第4版』（大修館書店）
田所メアリー（監修）『英会話ひと言活用辞典』（朝日出版社）
田中　実（著）『英語シノニム比較辞典』（研究社出版）
プロヴォ、J. 他（著）『英会話ちょっとした言い方表現辞典』（東京堂出版）
八木克正（編集主幹）『ユースプログレッシブ英和辞典』（小学館）
Longman Dictionary of Contemporary English^3（Longman）［*LDCD*^{3}］

単行本
今井、ジュミック（2002）『ピンポン英会話』（三修社）
久野揚子＆久野えりか（2006）『通な英語 アメリカ人の上等句』（くろしお出版）
スミス、W. W.（2007）*Speak Better English*（英宝社）
セイン、D. A. ＆ 小池信孝（2004）『その「ひとこと」、ネイティブならこう言います』（主婦の友社）
セイン、D. A. ＆ 鈴木衣子（1998）『ニュアンスの違いがわかる英会話表現』（NOVA）
セイン、D. A. ＆ 長尾和夫（2003）『知ったら使いたくなる英語』（河出書房新社）
——（2003）『言えそうで言えない英語』（河出書房新社）
多田裕吾＆リサ・ヴォート（2004）『ネイティブはそう言いません！』（研究社）
長尾和夫＆アンディ・バーガー（2004）『WANIファミリーのこんなことも英語で言えなかったのか！』（すばる舎）
——（2005）『すなおに直訳するとキケンな英語表現事典』（すばる舎）

和文索引

あ行

- 朝飯前だよ …… 188
- あっけなく終ったね …… 132
- いい加減にしろよ！ …… 30
- いいか、よくきけよ！ …… 185
- いい気になるのもほどほどにな …… 18
- いいできだね …… 86
- いいとも …… 106
- いいね！ …… 102
- 急いでください …… 208
- いつから？ …… 156
- 一生懸命やります …… 198
- いったいぜんたい、なにやってんだ？ …… 195
- イマイチだね …… 32
- いまに見てろよ！ …… 185
- うるさいなあ …… 22
- えっ、なんですって？ …… 146
- 遠慮せずに〜 …… 180
- 大きくなったねえ！ …… 164
- お構いなく …… 170
- お言葉に甘えて …… 100
- お先に …… 172
- おっ、君か！ …… 82
- お手上げだよ …… 134
- 覚えてろよ！ …… 185
- お待ちしていました …… 184
- 俺たち、親しい間柄じゃないか …… 202

か行

- 肩が凝ってねえ …… 116
- がっかりだ！ …… 162
- 勝手にしろ！ …… 54
- 彼女に電話してたんだ …… 196
- 軽いもんさ …… 188
- 彼、キレるね …… 70
- 彼に食ってかかってやった …… 38
- 彼はうってつけだね …… 76
- がんばって！ …… 64
- 勘弁してよ …… 112
- きいて驚くな！ …… 185
- 気にしないで …… 214
- 気にしなくていいよ …… 107
- 君って、お調子者だねえ …… 34
- 君には言われたくないよ …… 166
- 君の言うとおりだよ …… 94
- 君の提案に賛成だ …… 96
- 今日はこれまで …… 190
- 今日はついてないよ …… 4, 212
- 今日はついてるなあ …… 4
- ぎりぎりセーフだ …… 8
- ぐずぐずするな …… 185, 208
- 首になっちゃった …… 118
- こいつぁ驚いたねえ！ …… 166
- ご勝手に …… 142
- ここにサインを …… 200

さ行

- さあねえ …… 138
- 最悪！ …… 161
- さっさとやろうよ …… 192
- 仕方ないよ …… 130
- 自業自得さ …… 69
- しょうがないさ …… 221
- 白羽の矢が立ったよ …… 74
- 自立した女性だね …… 84
- 人生、そんなもんさ …… 220
- 好きにすれば …… 142
- すんだことは仕方ないさ …… 126
- 正解！ …… 66
- 洗車しといたよ …… 204
- そうこなくっちゃ …… 2
- そこが君の腕の見せどころなんだよ …… 78
- そこまで言うことないだろう …… 146
- その調子だ …… 60
- そのつもりだけど …… 90
- その手は食わんぞ …… 123
- そのとおり！ …… 66
- そりゃあ、すごい …… 72
- そりゃあそうだ …… 104

和文索引

そりゃあ、大したもんだ ……………… 72
そりゃあ、逃す手はないよ …………… 62
そりゃあ、話が違うよ ………………… 40
それ、賛成！ …………………………… 102
それって、趣味じゃないね …………… 28
それって、変だよ ……………………… 46
それで決まりだ ………………………… 191
それは一理あるね ……………………… 98
それは気の毒に ………………………… 212
それ、ぼくがやるよ …………………… 206
それほどでもありません ……………… 178
そんなこと、どうだっていいよ ……… 26
そんなことないです …………………… 178
そんなこと百も承知さ！ ……………… 67
そんな殺生な！ ………………………… 144
そんなの、大したことないさ ………… 176

た行
大したことないね ……………………… 44
だから言ったじゃないの ……………… 52
ちゃんちゃらおかしいよ ……………… 42
チンプンカンプンだ！ ………………… 114
では、遠慮なく ………………………… 100
どいて！ ………………………………… 24
どういうつもりなんだ？ ……………… 48
どういたしまして ……………………… 176
どうしたの？ …………………………… 216
どうしようもない ……………………… 134
どうぞお召し上がりください ………… 180
どうぞご自由に ………………………… 142
ドジだなあ ……………………………… 110
どっちでもいいよ ……………………… 150

な行
なにが言いたいんだい？ ……………… 50
なにしてるの？ ………………………… 194
なめんなよ！ …………………………… 14
なるほどね ……………………………… 92
なるようになるさ ……………………… 148
なんだか照れるなあ …………………… 174
なんてこった！ ………………………… 162
なんでもいいよ ………………………… 150

飲み物はなに？ ………………………… 182

は行
ばかなこと、言うんじゃないよ ……… 16
ばかばかしい！ ………………………… 81
バッチリだね …………………………… 82
万事休すだ ……………………………… 122
1人で行けるの？ ……………………… 218
ふざけるのもいい加減にしろよ ……… 123
不向きだ ………………………………… 77
僕の言ったとおりだろ ………………… 95
ほっといてよ …………………………… 20
ほんと、腹が立ってるんだ …………… 36
本領、発揮してるね …………………… 80

ま行
まさか！ ………………………………… 158
またかよ ………………………………… 111
またやっちゃった！ …………………… 110
間違いないよ …………………………… 10
まったくだね …………………………… 94
待ってました …………………………… 2
無理だよ ………………………………… 56
もううんざりだよ ……………………… 120
もうだめだ ……………………………… 124
もちろんだよ …………………………… 106

や行
やあ！ …………………………………… 146
やったあ！ ……………………………… 154
よくやったね …………………………… 68
世の中、そんなもんさ ………………… 220
喜んで、やらせてもらいます ………… 6

ら・わ行
楽勝さ …………………………………… 188
わかりません …………………………… 128
わかるもんか …………………………… 140

英文索引

A

Age before beauty. 173
All is over / up (with us). 122
All right. 103, 106
All will be done in good time. 149
And how. 107
Anytime. 177
Appearances are deceiving. 167
Are you for me or against me? 96
Are you kidding? 159
Are you with me or against me? 96
Ask me frankly. 180

B

Be it so. 131
Be my guest. 142
Beats me. 141
Believe me. 10
Big deal! 73
Bingo! 67
Bug off! 22
Bull's eye! 67
But is that true, I wonder? 139
By all means. 106

C

Can I bother you? 171
Can you get there alone? 218
Can you go there alone? 218
Can't say. 138
Can't say for sure. 138
Catch you later. 172
Certainly. 106
Come off it! 159
Come on! 30, 65
Coming through! 24
Couldn't be worse! 161

D

Definitely. 106
Didn't I tell you? 52
Do as you please / like. 142
Don't I know it! 67
Don't ask! 161
Don't ask me. 141
Don't be absurd. 16
Don't be foolish. 16
Don't be ridiculous. 16
Don't be silly. 16
Don't be so heartless! 144
Don't be stupid. 16
Don't be such an asshole! 145
Don't be too carefree. 18
Don't be too conceited. 18
Don't bother. 170
Don't bother me. 20, 22, 170
Don't bother your head about such a thing. 171
Don't bother yourself about such a thing. 171
Don't bug me. 22
Don't fool around me! 14
Don't give me that. 16, 159
Don't give up! 64
Don't hesitate to ask me. 180
Don't make fun of me! 14
Don't mention it. 176
Don't mind him. 170
Don't mind me. 170
Don't miss this rare chance. 62
Don't play me up. 35
Don't play up to me. 35
Don't say silly things. 17
Don't say such harsh / cruel things! 144
Don't say that. 178
Don't stand in my way! 25
Don't take me for a fool! 14
Don't talk nonsense! 17, 43
Don't think you can beat me easily! 14
Don't underestimate me! 14

英文索引

Don't worry. 27
Don't worry about it. 214

E
Enough is enough! 17
Enough of that! 30
Even more than you think. 107

F
Fantastic! 154
Fat chance! 56
Feel free to ask me. 180
Forget it. 57, 214
Forget that. 57

G
Get a life! 26, 30
Get a move on! 209
Get life! 31
Get lost. 20
Get me off the hook. 112
Get off it! 159
Get off my back. 20
Get out (of here)! 159
Get out of my way! 25
Get out of town! 159
Gimme some room! 24
Give me a break. 112
Go ahead. 108, 180
Go right ahead! 55
Go straight! 55
Go straight ahead! 55
Good for you! 73, 155
Good guess! 66
Good idea. 103
Good luck! 65
Good night. 173
Good-bye. 173
Gotta run now. 172
Great. 103
Great! 154
Great stuff! 87

Great, you did it! 86, 155

H
Hang in there. 64
Hard lines! 212
Hard luck! 212
Have I ever lied to you? 52
Have a heart. 112, 144
Have it your own way! 54
Have it your way. 142
Have you grown! 164
Haven't you grown! 164
He always pushes his opinion too hard.
 151
He asked for it. 69
He gave me the boot. 118
He got the boot. 118
He has the personality for it. .. 76
He is conceited about his ability. 19
He is extremely happy-go-lucky. 18
He is extremely optimistic. 18
He is quite carefree. 18
He is quite easygoing. 18
He is too proud of his ability. .. 19
He isn't cut out for a doctor. .. 77
He isn't cut out to be a doctor. .. 77
He made something of himself. 72
He plays / sucks up to us. 35
He works quickly / rapidly. 71
Here they go again. 111
He's a capable worker. 71
He's a quick / rapid worker. ... 71
He's a quick mind. 70
He's a quick temper. 70
He's a slow worker. 71
He's a very good choice for it. .. 76
He's already hit the sack. 119
He's an ass-kisser / a kiss-ass / a flatterer. 35
He's competent / good enough for it.
 76
He's in A one condition. 87

He's just right for it. ······················· 76
He's just the man for it. ···················· 76
He's just what it needs. ····················· 76
He's my best friend. ······················· 203
He's no idea. ··································· 128
He's perfectly suited to / for it. ·········· 76
He's quick at his work. ····················· 71
He's suitable for it. ··························· 76
He's the very man for it. ··················· 76
He's your man. ································· 76
Hop it! ··· 192
How about that! ······························· 73
How absurd! ···································· 43
How am I to know? ························ 141
How awful! ···································· 161
How can I get it? ···························· 218
How can I take it? ··························· 218
How can you even think that? ·········· 31
How could that be? ························ 159
How dare you say such a thing? ······· 19
How dare you talk to me like that? ··· 19
How did you do it? ··························· 68
How do I know? ····························· 141
How do you like that? ···················· 162
How long? ······································ 156
How ridiculous! ······························· 43
How should I know? ······················ 141
How surprising! ····························· 166
How would I know? ······················· 141

I

I admire you for it. ··························· 73
I agree to your proposal. ··················· 96
I agree with you. ···························· 105
I agree with your proposal. ··············· 96
I almost didn't make it. ······················ 8
I barely made it. ································· 8
I blew it again. ······························· 111
I called her. ···································· 196
I cannot make head or tail of your
    explanation. ······························· 115
I can't believe it. ···························· 167
I can't believe you did it. ················· 68
I can't understand you at all. ·········· 115
I can't wait. ···································· 184
I couldn't do / help it. ····················· 136
I did it again! ································· 110
I did what I did. ····························· 126
I didn't say that. ····························· 146
I didn't think that far ahead. ··········· 147
I differ from / with you on that point.
    ··· 40
I disagree with you on that point. ····· 41
I don't believe it! ···························· 158
I don't follow you. ···························· 46
I don't get the point. ························· 98
I don't have a clue! ························ 114
I don't have all day. ······················· 209
I don't have any idea. ····················· 128
I don't know. ························· 128, 141
I don't know yet. ···························· 138
I don't mind if I do. ························ 101
I don't remember that much. ·········· 147
I feel awkward. ······························ 174
I feel ill at ease. ····························· 174
I feel sort of diffident. ···················· 174
I feel sort of embarrassed. ·············· 174
I find that hard to believe. ·············· 159
I flew at him. ··································· 38
I flunked it again. ··························· 111
I give up. ·· 134
I got a rush job for you. ················· 209
I got fired. ······································ 118
I got it. ··· 66
I got the jump on him. ······················ 39
I got the sack. ································ 118
I gratefully accept your kind offer.
    ··· 100
I guess I'll take you up on that. ······· 101
I had no part to play. ······················· 79
I had the jump on him. ····················· 39
I hope you feel proud of yourself. ···· 19
I jumped (all) over him. ···················· 38
I jumped on him. ······························ 38

I just made it. 8
I kept a jump ahead of him. 39
I know what. 66
I know what I'm doing. 21
I know your stuff. 81
I lashed out at him. 38
I made it by the skin of my teeth. 9
I need this done ASAP. 209
I need this done in a hurry. 209
I screwed (it) up again. 111
I see. 93
I slipped up again. 111
I stayed a jump ahead of him. 39
I suppose so. 90
I sure am unlucky today. 5
I take your point. 99
I think so. 90
I throw up my hands. 134
I turned on him. 38
I was a jump ahead of him. 39
I was calling her. 196
I was hoping you would say that. 3
I was singled out. 74
I washed your car. 204
I wasn't born yesterday! 14
I wonder. 138
I wonder if you're not mistaken? 158
I would have never guessed! 167
I wouldn't say that. 146
I'd be happy to go with you. 6
I'd be pleased to go with you. 6
I'd like to beg off. 112
If you insist. 100
If you'd just fill up this form. 200
If you'd sign here. 200
I'll accept your kind offer. 100
I'll be doing it. 206
I'll be glad to accept your kind offer.
.... 100
I'll be glad to go with you. 6
I'll do everything I can. 198
I'll do it. 206

I'll do my best. 198
I'll get it. 66
I'll leave it to you. 150
I'll say! 95
I'm (a bit) lost. 114
I'm bored with it. 120
I'm easy. 150
I'm fed up with it. 120
I'm for that. 102
I'm having a bad day today. 5
I'm in a hurry, please. 208
I'm in deep water. 135
I'm in luck today. 4
I'm in over my head. 134
I'm not sure. 138
I'm off. 172
I'm on a first-name basis with him.
.... 202
I'm on first name terms with him. .. 203
I'm on good / close / friendly / familiar
  terms with him. 202
I'm out of here. 172
I'm out of my depth at physics. 135
I'm positive. 10
I'm ready to do it. 6
I'm ready to go with you. 6
I'm really mad. 36
I'm really mad now. 36
I'm sick (and tired) of it. 120
I'm sorry, but I must be going / leaving
  now. 173
I'm sorry to bother you. 171
I'm sorry to hear that. 212
I'm totally clueless (about that)! 114
I'm up to here with it. 120
I'm willing to do it. 6
I'm willing to go with you. 6
I'm with you. 105
Is anything the matter? 216
Is anything wrong? 216
Is there anything the matter with you?
.... 217

Is this great or what? 73
Isn't it a laugh? 42
It can't be helped. 127, 130
It cannot be avoided. 131
It couldn't be helped. 136
It didn't work for me. 32
It doesn't matter at all. 26
It ended all too soon. 132
It ended only too soon. 132
It gets me down. 120
It isn't quite good. 32
It looks good / great on you. 82
It makes sense. 99
It matches / suits you. 82
It really got to me! 154
It still needs more work. 33
It was an art of God. 136
It was close. 8
It was inevitable. 136
It was just one of those things. 136
It's a must. 62
It's a no-win situation. 135
It's a pleasure. 176
It's all nonsense! 43
It's all over with me. 124
It's all over / up with us. 122
It's an unwelcome favor. 20
It's as I told you. 95
It's as easy as pie! 189
It's exactly as you say. 105
It's heartless of you. 144
It's me again! 110
It's my day today. 4
It's no use crying over spilt milk. 126
It's none of your business (what I do). 20
It's not my funeral. 143
It's not that easy. 220
It's nothing. 176, 179
It's nothing to lose sleep over. 214
It's perfect (for you). 82
It's quite good. 33

It's the way the world is. 220
It's up to you. 150
It's very kind of you to say so. 100
It's worth a try. 63
It's you! 82
It's you again! 110
It's your call. 150
It's your funeral. 143
I've a stiff lower neck. 116
I've been expecting you. 184
I've been looking forward to meeting / seeing you. 184
I've been waiting for you. 184
I've done what I've done. 126
I've had enough. 124
I've had enough of it. 120
I've had it. 124
I've no idea. 128
I've no ideas. 128
I've no problems with that. 105
I've seen better. 32
I've stiff shoulders. 116
I've washed your car. 204
I've worked like a dog. 198

J

Just as you say. 94
Just get off my back. 23
Just my (rotten) luck today. 5
Just right. 83
Just shut up. 23
Just you wait! 185

K

Keep away from me. 20
Keep it up! 64
Keep up the good work! 65
Kiss my ass! 54
Kiss my foot! 54
Knuckle down to the job. 199

L

Leave me alone. ········· 20, 22
Leave things to their own course. ··· 149
Let me off the hook. ········· 112
Let nature take its course. ········· 148
Let's call it a day. ········· 190
Let's get a move on. ········· 192
Let's get moving. ········· 192
Let's hop to it. ········· 192
Let's leave it at that. ········· 191
Let's leave the task alone. ········· 190
Let's leave the task as it is. ········· 191
Let's leave the task at that. ········· 190
Let's move. ········· 192
Let's think about this. ········· 104
Luck is with me today. ········· 4
Lucky you! ········· 155

M

Make room for me! ········· 24
My eye! ········· 160
My luck's in today. ········· 4
My pleasure. ········· 176

N

Never mind. ········· 177, 214
Never say die! ········· 65
Never! ········· 158
No! ········· 158
No bad. ········· 73
No can do. ········· 57
No chance. ········· 56
No doubt about it. ········· 11
No hard feelings. ········· 215
No kidding! ········· 158
No more games. ········· 123
No problem. ········· 107, 176, 214
No problem here. ········· 150
No sweat. ········· 188
No way. ········· 57, 159
None of your business (what I do). ··· 20
None of your games! ········· 123

Nonsense! ········· 43
Not a chance. ········· 56
Not again. ········· 111
Not at all. ········· 176
Not really! ········· 158, 178
Not too bad, is it? ········· 73
Not very well. ········· 32
Nothing could be done (about it). ··· 134
Nothing doing. ········· 57
Nothing to it. ········· 188
Now I get it. ········· 92
Now is the time to show your ability / stuff. ········· 79
Now it's your turn. ········· 78
Now you have a golden chance to show your skill. ········· 79
Now you tell me. ········· 36
Now you're talking. ········· 2

O

OK. ········· 103, 106, 176
Of course. ········· 106
Oh, you must be joking! ········· 158
Oh, you're a nuisance! ········· 23
Outta my way! ········· 25
Over my dead body! ········· 14

P

Physics is above my head. ········· 135
Piece of cake! ········· 189
Please be logical. ········· 104
Please help yourself. ········· 180
Please hurry. ········· 208
Please hurry up. ········· 208
Please speak to the point. ········· 99
Please start eating. ········· 180
Please yourself. ········· 142
Pretty lousy! ········· 161

R

Really! ········· 159
Right on! ········· 67

Rubbish! 43

S

Says who! 159
Says you! 158
See, I told you. 52
See if I care. 143
Seen better. 44
Seen worse. 44
Serves him right. 69
She earns her own living now. 85
She lives a life of independence now.
.... 85
She supports herself now. 85
She's a self-supporting woman now.
.... 85
She's an independence-minded woman.
.... 84
She's an independent woman. 84
She's an independent-minded woman.
.... 84
She's (going) on her own now. 85
She's set herself up as a counselor. ... 85
Since when? 156
So be it. 131
So much for the task. 190
So that's it. 92
Something's not quite right. 33
Sounds fishy to me. 159
Sounds great. 2
Spare me. 22
Speak for yourself on that point. 40
Stay away from me. 20
Stay in there. 64
Step aside! 24
Step on it! 208
Step on the gas! 208
Stop bothering me. 22
Stop it! 30
Stop making me out to be a fool! 15
Stop talking to me. 20
Stuff and nonsense! 81

Such is life! 221
Such is reality. 220
Suit yourself. 54, 142
Sure. 103, 106, 176
Sure thing. 106
Surely. 106

T

Take me seriously! 15
Take my word for it. 10
Take things as they are. 149
Tasted better. 44
Tasted worse. 44
Tell me now. 36
That doesn't make sense. 46
That explains a lot. 92
That figures. 92
That is life. 60
That is not important. 26
That isn't to my taste. 28
That makes no sense! 114
That makes sense. 92
That much is quite correct. 147
That (really) sucks. 162
That sounds logical. 104
That was close. 8
That was crack work! 87
That was some job. 86
That would be nice. 103
That's OK. 214
That's a breeze. 188
That's a bummer. 162
That's a cinch. 188
That's a good idea. 103
That's a good point. 104
That's a must do. 62
That's a piece of cake. 189
That's a point. 26
That's a snap. 189
That's about enough! 30
That's all for today. 190
That's all right. 177

英文索引

That's amazing / neat! 154
That's an easy job. 188
That's an idea! 49, 129
That's business. 221
That's child's play. 188
That's disgusting! 161
That's enough! 30
That's fine with me. 150
That's funny. 47
That's great. 103
That's great! 73, 154
That's great wonderful! 73
That's impossible! 56, 158
That's irrational. 46
That's it. 60
That's it for today. 190
That's life. 130
That's like music to my ears. 2
That's my business. 21
That's not logical. 46
That's not mine. 29
That's not my thing. 28
That's not our understanding. 40
That's not the point. 26
That's not true. 179
That's not what you said. 40
That's nothing. 176, 188
That's outrageous. 43
That's quite all right. 214
That's really something. 72
That's show. 221
That's that. 61, 191
That's the idea. 49
That's the spirit! 3
That's the stuff! 81
That's the way. 60
That's the way cookie crumbles. 221
That's the way it goes. 60, 221
That's the way it is. 130
That's the way of the world. 60
That's the way the ball bounces. 221
That's the world for you. 220

That's too bad. 212
That's tough. 212
That's weird. 47
That's what I say. 102
That's what I was waiting for. 3
That's what you say. 102
That's where you come in. 78
That's wonderful! 158
That's your chance. 78
The boss gave me a sack. 118
The boss gave me the sack. 118
The choice fell upon me. 74
The game's up. 122, 135
The idea of it! 49
The pits! 162
The situation is out of control. 134
The (very) idea! 49
There they go again. 111
There's no sense crying over spilt milk.
 126
There's no way out. 122
There's no way you can turn down a
 great offer like that. 63
There's nothing to it. 188
There's the door. 143
Things are the pits! 161
Things aren't so simple. 220
Things will follow their own destiny.
 148
Things will take care of themselves.
 148
Things will take their natural course.
 148
Think nothing of it. 179, 214
This is a nightmare! 161
This is a rush. 209
This just is my day. 4
Today is my day. 4
Tough! 213
Tough luck! 212
Tough luck today! 213
Trust me. 10, 21

Try your best! 65

V, W

Very much so. 107
Wait for it! 185
Way to go! 65, 69, 155
We don't have all day. 209
We go back a long way. 202
We go way back. 202
Well done! 69, 86
Well, I can't tell. 138
Well, I never. 160
Well, I wouldn't be so sure. 139
Well, I'll be damned. 167
We'll start with a round of beer. 182
We're good friends. 202
We're sunk. 122
What a bummer! 162
What a funny joke! 42
What a joke! 42
What a nuisance! 23
What a pity! 212
What a pleasant surprise! 167
What a shame! 212
What a stupid idea! 43
What a surprise! 166
What an idea! 49
What are we waiting for? 185
What are you doing? 194
What are you driving at? 50
What are you getting at? 50
What are you trying to say? 50
What are you waiting for? 185
What can I do for you? 217
What did I say? 95
What did you do today? 126
What did you say? 146
What do you do? 194
What do you drink? 182
What do you know! 166
What do you know? 166
What do you mean? 48
What do you say? 146
What do you think you are? 19
What do you think you are doing? 195
What do you want to say? 50
What (else) do you expect? 131
What gives? 217
What have you done today? 126
What is done can't be undone. 126
What seems to be the problem / trouble? 217
What will you have? 182
What would you like (to drink)? 182
Whatever will be will be. 148
What'll it be? 182
What's done is done. 127
What's game? 123
What's gone is gone. 130
What's keeping you? 210
What's next? 162
What's that supposed to mean? 50
What's the idea? 48
What's the joke? 42
What's the matter with you today? 216
What's the matter? 216
What's the matter with you? 216
What's the point? 51
What's with you? 217
What's your idea? 49
What's your point? 50
Where did you get that idea? 17
Where do you get off? 19
Where do you work? 194
Who can say? 140
Who cares? 27
Who do you think you are? 19
Who do you work for? 194
Who knows? 140
Who told you that? 17
Who would have thought! 167
Why not? 106

Why, yes! 107
Wonderful! 69
Wow! 154

Y

Yes, let's. 103
You amaze me. 72
You are partly right. 98
You bet. 107
You betcha. 107
You can decide. 150
You can say that again. 94
You can't be serious. 159
You did a bang-up job. 86
You did an A one job. 86
You did it. 68
You don't mean that, do you? 158
You don't say (so)! 158
You easily get carried away. 34
You get the point. 98
You got it. 66
You got me (there). 139
You got me beat. 141
You got that right. 94
You have a point there. 98
You have no choice but to tell the truth.
   131
You have to accept his excuse. 131
You hit the jackpot / the target / the nail
   on the head. 67
You (just) wait! 185
You look great. 82
You lost me. 46, 114
You might sign here. 200
You must do it. 62
You really did it! 155
You said it. 94
You shouldn't say that much. 146
You wouldn't listen. 52
Your answer is still off the point. 99
Your explanation's as clear as mud.
   115

Your explanation's just gibberish to me.
   115
You're a (real) goof. 110
You're a (real) klutz. 110
You're amazing. 72
You're coming into your own. 80
You're dressed to kill. 82
You're dressed to the nines. 83
You're easily flattered. 34
You're embarrassing me. 174
You're getting into full swing. 80
You're in my way! 24
You're in your element. 80
You're joking! 43, 158
You're just joking. 179
You're kidding! 43, 158, 167
You're pulling my leg. 159
You're putting me on! 159
You're right. 94
You're showing your real ability. 80
You're showing your stuff. 80
You're showing yourself at your best.
   80
You're teasing me. 159
You're telling me! 67, 95
You're too right. 94
You're very understanding. 2
You're welcome. 176
You've got a good point there. 92

〈著者紹介〉

田中　実（たなか・みのる）

1949年、神戸市生まれ。関西学院大学大学院修了。現在、関西学院大学文学部教授（英語学専攻）。著書：『英語シノニム比較辞典』（研究社）、『基本英語類語辞典』『英語構文ニュアンス事典』（以上、北星堂）、『英語形容詞の口語用法小辞典』（大修館書店）、『英語のニュアンスQ&A』（洋販）、『決定版　差をつける英会話』（PHP文庫）、『通じる英語　言いまわし練習帳』（幻冬社文庫）など。

よく似た英会話表現 ── この違いがわかりますか？

2008年3月30日　初版発行

著者
田中　実（たなか　みのる）
© Minoru Tanaka

KENKYUSHA
〈検印省略〉

発行者
関戸雅男

発行所
株式会社　研究社
〒102-8152　東京都千代田区富士見2-11-3
電話　営業(03)3288-7777代　編集(03)3288-7711代
振替　00150-9-26710
http://www.kenkyusha.co.jp/

印刷所
研究社印刷株式会社

装丁
吉崎克美

表紙・本文イラスト
上海公司

本文デザイン
亀井昌彦（株式会社　シータス）

ISBN978-4-327-44095-4　C1082　Printed in Japan